INHALT

Rom und seine Erben

Das frühere Mittelalter

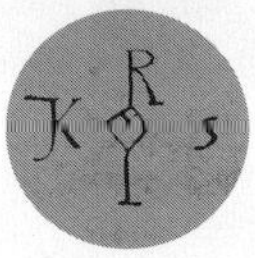

Das spätere Mittelalter

Der Buchstabe **M (=Methode)** weist Seiten aus, auf denen das Vorgehen beim Umgang mit Geschichte besonders geübt werden kann. „Gewusst wie!", ist hier die Devise.

Weißt du das noch? – Rom rätselhaft

Aufgabe 1: *Gesucht ist ein beliebter Aufenthaltsort der Römer, an dem sie gern ihre Freizeit verbrachten. Du findest seinen Namen in den dunkel unterlegten Feldern, wenn du die 16 gefragten Begriffe in die jeweiligen Zeilen eingesetzt hast.*

1. Brüder, die durch ihre Reformversuche bekannt wurden
2. Berühmter Feldherr im 1. Jh. v.Chr.
3. Eingottreligion, die im Römischen Reich große Verbreitung fand
4. Besitzlose Bürger Roms
5. Lager römischer Soldaten (Schreibe „C" statt „K" !)
6. Ein Gebiet, das die Römer gern unterworfen hätten
7. Bauwerk, in dem die Gladiatoren in Rom kämpften
8. Römische Provinz in Westeuropa
9. Römer von höchstem Ansehen
10. Ehrentitel des ersten römischen Kaisers
11. Große Stadt, von Römern vernichtet
12. Bruder des Romulus
13. Lateinisches Wort für „Pforte"
14. Römischer Grenzwall
15. Untergegangene Stadt am Vesuv
16. Römischer Soldat (Schreibe AE für Ä!)

Aufgabe 2: *Verbinde die Zahlen, bei 1 beginnend, miteinander. Der beliebte Aufenthaltsort der Römer entsteht.*

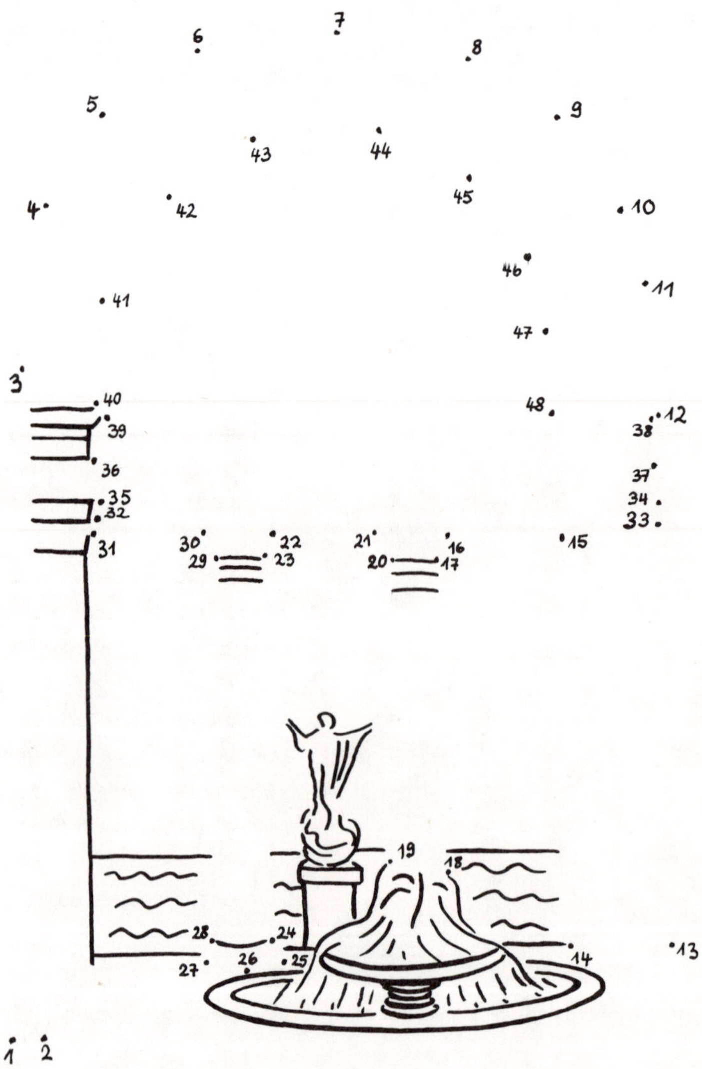

Bist du ein Kunstkenner?

Du hast beim Betrachten dieser Seite natürlich sofort gemerkt, dass hier einiges durcheinander geraten ist. Deine Aufgabe besteht darin, Ordnung zu schaffen: Kunstwerke aus Mesopotamien gehören in die 1., die aus Ägypten in die 2., die aus Griechenland in die 3. Zeile. Und schließlich sollten die Kunstwerke aus Rom in der 4. Zeile stehen. Und wenn du die Bilder mit den Buchstaben innerhalb der Zeilen ein wenig schüttelst, erhältst du die Antwort auf die Eingangsfrage.

Aufpassen: Wenn du auf der Rückseite noch arbeiten möchtest, solltest du die Seite vor dem Zerschneiden kopieren.

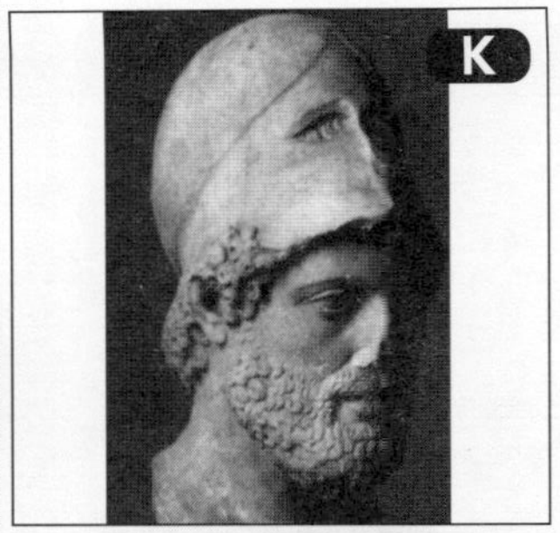

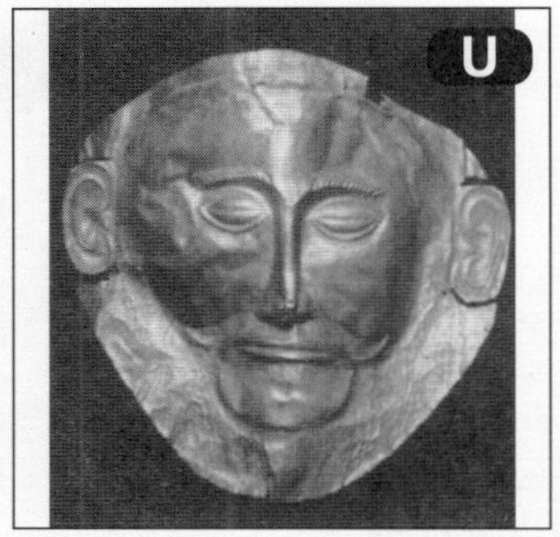

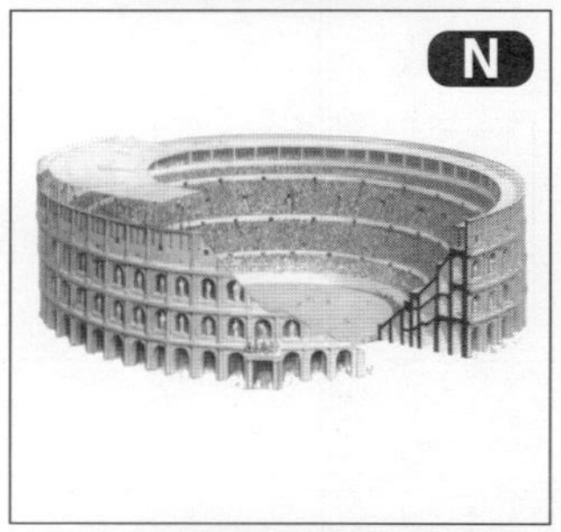

Aus dunklen Flecken im Boden auf germanische Häuser schließen

Der römische Historiker Tacitus hinterließ uns wichtige Kenntnisse über das Leben der Germanen. Über deren Häuser schrieb er: „Nicht einmal Mauersteine und Ziegel sind bei ihnen im Gebrauch; zu allem bedienen sie sich rohen Holzes, ohne Schönheit und Anmut.“ Von diesem Holz ist aber nicht mehr viel geblieben. Wenn es gut geht, finden Archäologen einen dunklen Fleck, der von verrotteten Pfosten eines Hauses stammt. So war es auch in Warendorf.

Das fanden Archäologen dort vor:

1

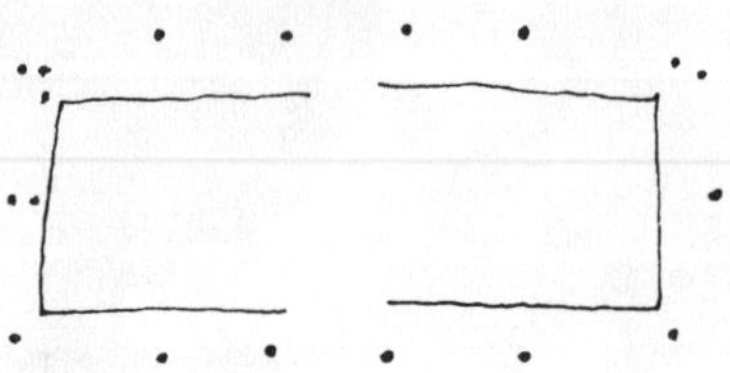

2

3

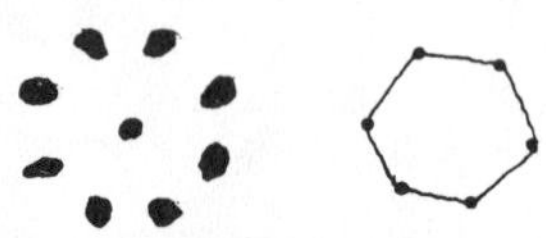

4

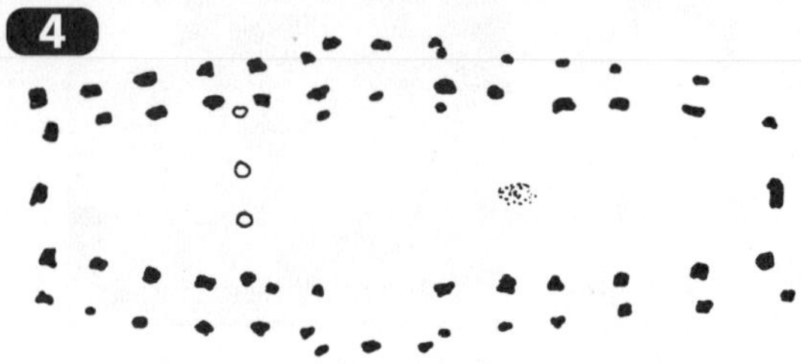

Und so sehen die Rekonstruktionszeichnungen der Archäologen dazu aus:

A

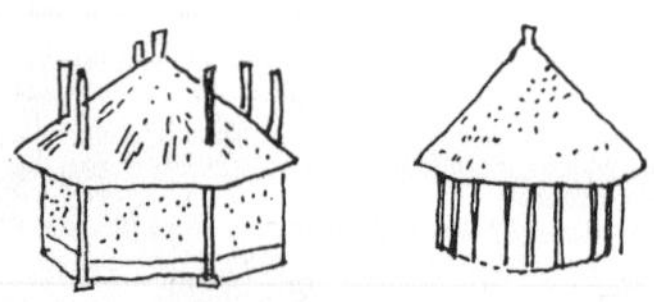

B

C

D

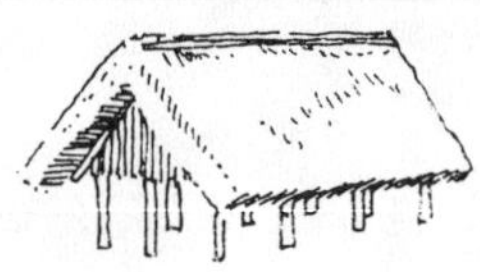

Aufgabe 1: *Was gehört nun aber zusammen? Vergleiche die Rekonstruktionen der Grundrisse mit den Bildern! Ordne den Zahlen der Grundrisse die Buchstaben der Bilder zu:*

1 ☐ *2* ☐ *3* ☐ *4* ☐

Aufgabe 2: *Kennzeichne mit jeweils der gleichen Farbe an Grundriss und Bild, woran du die Übereinstimmung erkannt hast.*

Aufgabe 3: *Zu einem Grundriss fehlt die Rekonstruktionszeichnung. Versuche es selbst.*

Die Hunnen – So sah man sie! Und wie sah man die Germanen?

Das Sammeln von Bildern war für eure Urgroßeltern und Großeltern eine beliebte Freizeitbeschäftigung. Das Angebot war groß. Firmen unterschiedlichster Art boten neben den Bildern zugleich Sammelalben an. Dass das hauptsächlich der Werbung diente, kannst du dir denken.
Manche der Bilder beziehen sich auf Ereignisse aus der Geschichte. Diese beiden sind aus einer Serie, die „Kriegszüge nach Italien" benannt war. Für die Geschichte der Germanen gab es besonderes Interesse, denn viele Deutsche sahen damals die Germanen als direkte Vorfahren an.

Die Hunnen (452)

Einfälle der Germanen (166)

Aufgabe 1: *Sieh dir die beiden Bilder an und versuche die Tabelle auszufüllen.*

Wie ist der Titel der Bilder?		
Welchen Gesamteindruck hinterlassen die Bilder von den beiden Kriegszügen? (geordnet, grausam, wild...?)		
Was tun die Männer? (Verwende Verben wie marschieren, metzeln nieder, jubeln, prügeln...)		
Wie ist jeweils das Verhältnis zu den Frauen und Kindern dargestellt? (Die Männer umsorgen, rauben...)		

Aufgabe 2: *Fasse den Eindruck, den die Bilder vermitteln, zusammen:*

Die Hunnen sind

____

Die Germanen sind

____

Aufgabe 3: *Welche Vermutungen zu den Absichten hast du, mit denen das Wesen der Hunnen und der Germanen auf diese Weise „gezeichnet" wurde?*

____

____

____

Wer erbte das weströmische Reich?

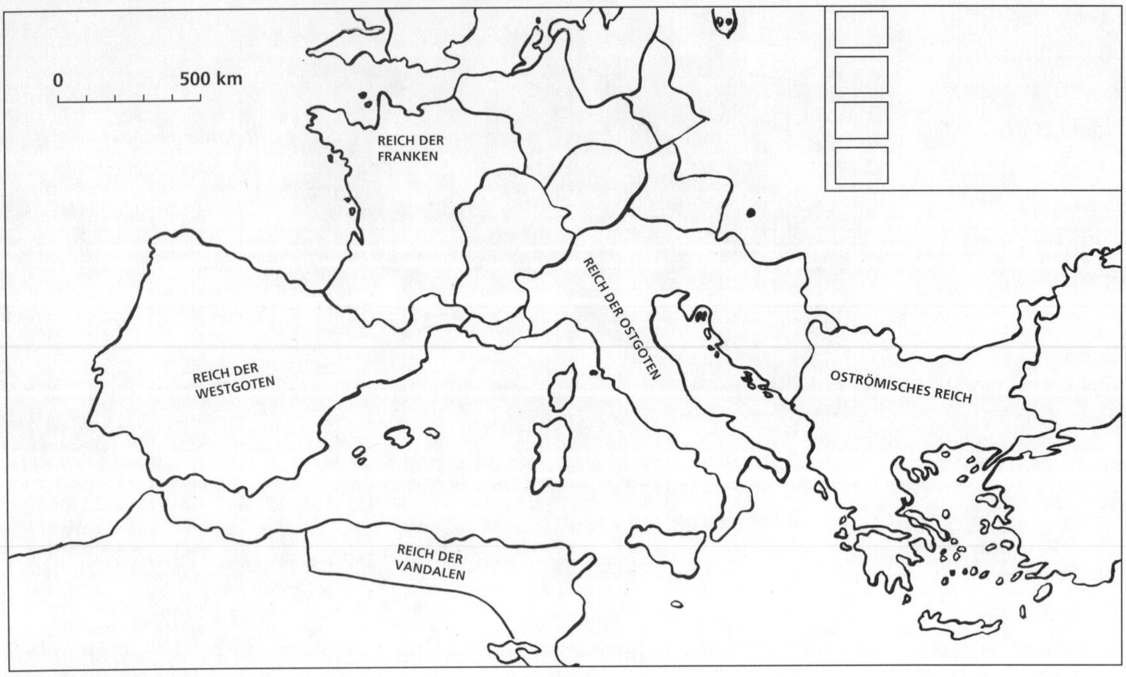

Aufgabe 1: *Nutze die Karte für das Ausfüllen der Tabelle. Kennzeichne die Reiche germanischer Stämme in der Karte verschiedenfarbig und lege eine entsprechende Kartenlegende an.*

Es erbten die Gebiete	Mit ungefährer Einwohnerzahl von	Germanische Völker der	Ihre Anzahl betrug etwa
Italien	10 000 000		150 000
Spanien	10 000 000		120 000
Gallien	6 000 000		200 000
Nordafrika	3 000 000		80 000
Addiere:			
Das ist ein Verhältnis von etwa		**zu**	**1**

Aufgabe 2: *Du kannst jetzt schon ein erstaunliches Ergebnis zusammenfassen:*

Nur etwa ______________ Germanen gründeten im Ergebnis der Völkerwanderung eigene Reiche in Gebieten des weströmischen Reiches, in denen etwa __________________ Menschen lebten. Das heißt, auf einen Germanen kamen etwa __________ Bewohner des weströmischen Reiches.

Aufgabe 3: *Wie ist das zu erklären? Vollende den Satz.*

Die germanischen Völker konnten im 4./5. Jahrhundert ihre Königreiche auf dem Boden des weströmischen Reiches wahrscheinlich nur deshalb gründen, weil

____

Konstantin der Große – der Gründer des byzantinischen Staates

So ganz einig ist man sich zwar nicht, es herrscht aber doch weitgehend die Ansicht vor, dass der Anfang des Byzantinischen Reiches auf die Zeit festgelegt werden sollte, als Kaiser Konstantin im Jahre 330 seine Stadt – constantino polis – an der Stelle einweihte, wo sich einst das griechische Byzantion befand. Ein zweites Rom wollte er hier schaffen. Bereits zu Lebzeiten wurde Konstantin als ein Herrscher angesehen, dem große Bedeutung zukam. Davon kündete auch eine über zehn Meter hohe Statue, von der aber heute nur noch einige Bruchstücke existieren.

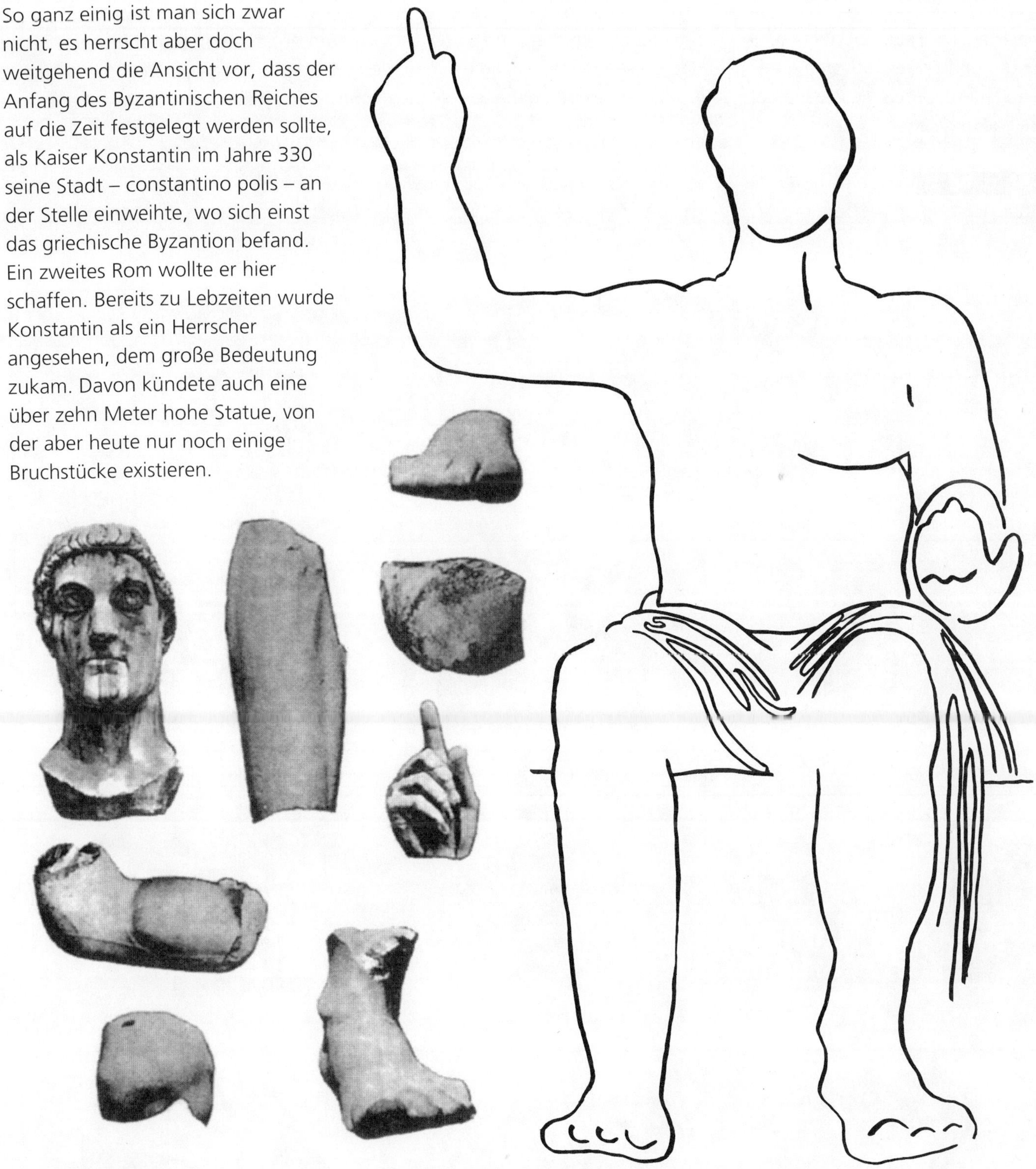

Aufgabe 1: *Du erhältst eine ungefähre Vorstellung vom Aussehen der Statue, wenn du die noch vorhandenen Bruchstücke richtig in die Rekonstruktionszeichnung einfügst.*
(Wenn du auf der Rückseite des Blattes noch arbeiten willst, musst du das Blatt kopieren.)

Galerie der fleißigen Bauern von Byzanz

Sie schufen den größten Teil des Reichtums im Staat, den wir Byzanz nennen. Sie waren es, die das Land urbar machten, die Felder bestellten, die Weinstöcke verschnitten und die Oliven ernteten. Sie züchteten und hüteten Rinder und Ziegen, schoren die Schafe und sie sammelten Honig aus den Bienenstöcken. Vor allem aber: Sie zahlten die Steuern, durch die Byzanz über 1000 Jahre am Leben gehalten werden konnte. Ihnen zu Ehren haben wir diese Galerie angelegt.

Aufgabe 1: *Schreibe unter die Bilder, welche bäuerlichen Tätigkeiten du erkennst.*
Aber Achtung: In der Sammlung sind zwei Berufe vertreten, die nicht zur Landwirtschaft gehören.

Kriegstechnik aus Konstantinopel – Wodurch war sie so wirksam?

Aufwendige Kriegstechnik, die in Konstantinopel erdacht und gebaut wurde, hat zu militärischen Erfolgen des byzantinischen Staates beigetragen. Versuche herauszufinden, was das Besondere dieser Technik war und worin ihre Wirksamkeit bestand.

Mit einer Flüssigkeit aus Phosphor und Petroleum, dem „Griechischen Feuer", schossen die Byzantiner feindliche Schiffe in Brand. Das Feuer war mit Wasser

______________ _____ löschen.

Hauptbestandteil der byzantinischen Flotte waren die „Renner" genannten Schiffe. Der Name weist schon auf eine Eigenschaft hin :

Sie waren ______________________________ .
An Deck führten sie Schleudern für das „Griechische Feuer" mit sich. Gefürchtet war der Bug dieser Schiffe, denn er war zu einem

______________ ausgebildet, mit dem gegnerische

Schiffe ______________________________ .

Bei der Belagerung von Städten verwendeten die Byzantiner auch Leitern, die so lang waren, dass sie die

Mauern ______________________________ . So konnten sie

____

______________________________________ werfen.

Der „schwingende Rammbock"
(Versuche das Besondere dieser Belagerungsmaschine selbst herauszufinden!)

____

____

____

____

Darin waren sie Meister!

So sagen wir oft von Menschen, die vor langer Zeit Bleibendes geschaffen haben. Sie wurden zu ihrer Zeit nicht immer Künstler oder Baumeister genannt. Dennoch trugen sie dazu bei, dass wir heute z. B. von der „Kunst der Ägypter" oder auch der „Kunst der Römer" sprechen und an Dinge denken, die sie besonders gut (vielleicht auch besser als andere) beherrschten.

Aufgabe 1: *Worin waren sie Meister?*
Einige Stichworte und Abbildungen, die sich zuordnen lassen, erhältst du zur Unterstützung. Ergänze sie!

SCHAUSPIEL

SAGEN

WANDMALEREI

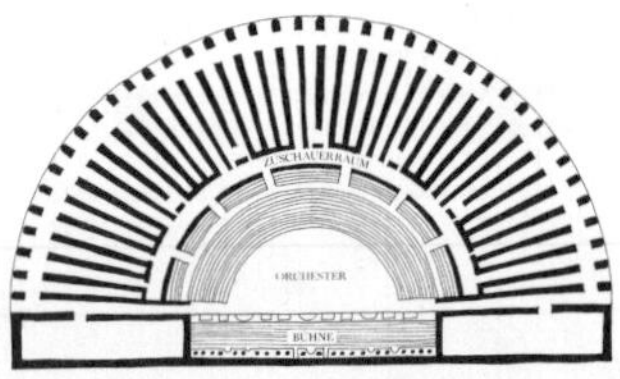

MOSAIK

Ägypten: ______________________________

____

____

Griechenland: ______________________________

____

____

Rom: ______________________________

____

____

Byzanz: ______________________________

____

____

STATUEN

Aufgabe 2: *In Byzanz entfaltete sich die Mosaikkunst zu ihrer vollen Blüte. Ein Beleg dafür ist dieses Mosaik, das die Frau des Justinian, des wohl berühmtesten byzantinischen Kaisers, darstellt. Sie hieß Theodora und war nicht nur stolz und mutig, sondern auch ausgesprochen schön.*
Leider können wir ihre Schönheit, die auch in diesem Kunstwerk zum Ausdruck kommt, dir hier nicht farbig zeigen. Aber du kannst die Farbenpracht wieder entstehen lassen, wenn du selbst ein Mosaik gestaltest.

So geht das am besten: Zeichne zunächst die Umrisse der Mosaiksteinchen des Kopfschmucks und des Hintergrunds um das Haupt herum und entscheide dich, welche Farben du an welcher Stelle verwenden willst. Schneide oder reiße dann aus Buntpapier in entsprechenden Farben kleine Papierschnipsel und klebe sie auf. Übrigens: Der Kopfschmuck leuchtet in vielen Farben.

Auf der arabischen Halbinsel vor über 1400 Jahren

Wie sah Arabien zu dieser Zeit aus? Wie lebten die Menschen hier, als Mohammed den Islam zu predigen begann? Du weißt, dass viele Informationen über ein Land auf einer Karte Platz haben. Wer sich dann eine solche Karte anschaut, kann aus ihr Wichtiges über das Leben der Menschen in diesem Gebiet herauslesen.

Aufgabe 1: *Stelle mit der Karte das Gebiet vor, in dem vor etwa 1400 Jahren Mohammed lebte. Prüfe, was von den folgenden Angaben in der Karte noch Platz finden kann. Ergänze dazu in der Karte und der Kartenlegende. Vergleiche auch mit Karten in deinem Geschichtsbuch. Gib deiner Karte schließlich eine Überschrift.*

- *In Steppengebieten etwa 350 Stämme von Beduinen (Nomaden) als Viehzüchter (z. B. Kamele, Schafe und Pferde), oft untereinander verfeindet*
- *In den Gebirgszügen von Hedschas und Jemen fruchtbare Oasen, hier Anbau z. B. von Wein, Dattelpalmen und Gerste, auch Bewässerung von Ackerland;*
- *Mekka und Medina als wichtigste Städte, Mekka als Zentrum von Handel und Handwerk, von dort Karawanenstraßen nach Damaskus (über Medina und Jerusalem), nach Bagdad (über Medina und Kufa), nach Maskat und nach Aden;*
- *Herrschaftsgebiet der Araber zur Zeit Mohammeds ist der Westen der Halbinsel*

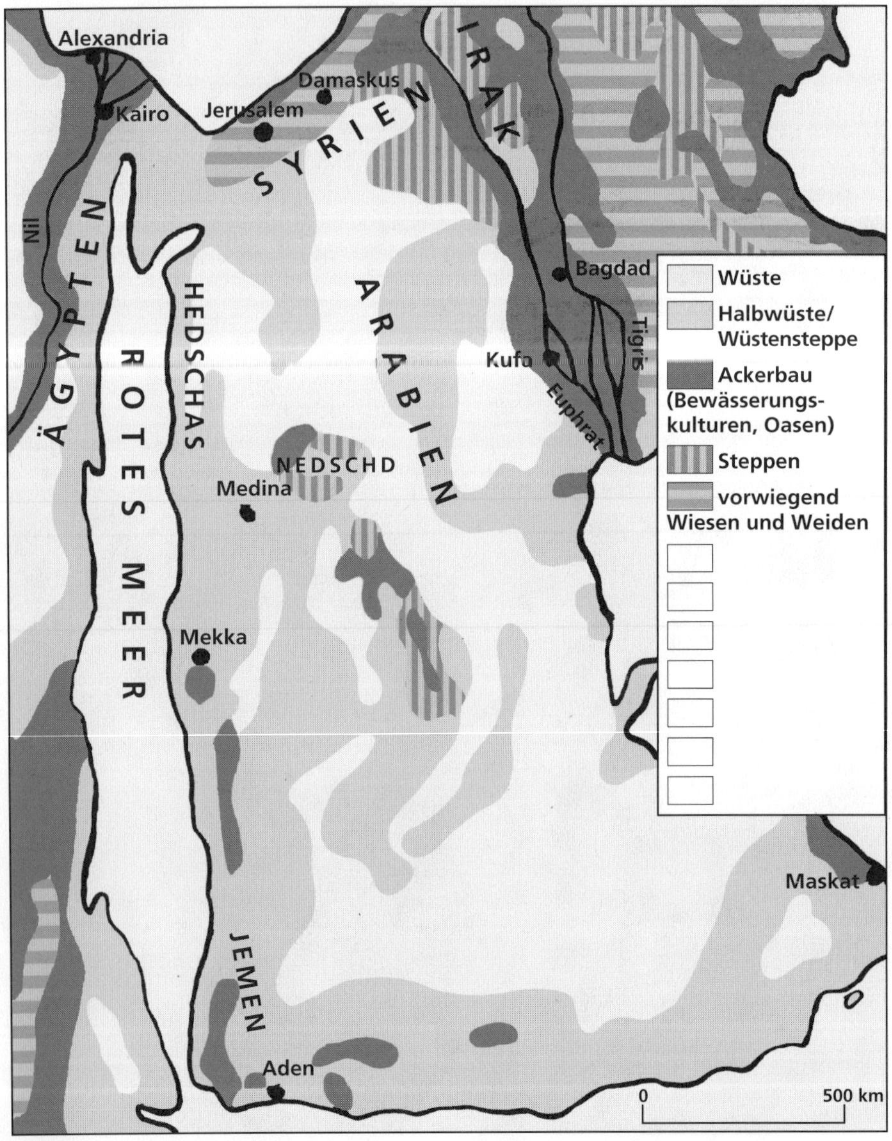

____

Aufgabe 2: *Streiche aus der Zusammenstellung heraus, was in deiner Karte Platz gefunden hat. Formuliere aus den übrig gebliebenen Angaben einen Text, der die Aussagen der Karte ergänzt.*

____

____

____

____

____

____

____

____

____

____

____

In einer Stadt in diesem Land

Die Stadt liegt am Rand eines fruchtbaren Gebietes. In ihr selbst gibt es mehr Dornensträucher als Dattelpalmen. Weiße Lehmhäuser sammeln sich um ein Heiligtum, das alle Araber verehren. Überall liegen Steine wie Nussstücke auf einem Kuchen. Es ist der durchziehende Handel mit Gewürzen, Weihrauch und Elfenbein, aber auch der große Kamelmarkt, der viele Kaufleute der Stadt reich und mächtig gemacht hat.

In dieser Stadt lebt ein junger Kaufmann, der nicht zu den Reichen der Stadt gehört. Er ist mittelgroß. Sein dichter Bart ist, wie es die Sitte vorschreibt, rot gefärbt. Dunkle Augen unter dichten Wimpern lassen ihn nachdenklich erscheinen. Er ist ein ausgezeichneter Redner. Die reiche Kaufmannswitwe Chadidja, die in einem mehrere Stockwerke hohen Gebäude lebt, verliebt sich in diesen Mann und heiratet ihn.
Der Mann hatte früh seine Eltern verloren. Aufgewachsen war er bei Großvater und Onkel. Auf seinen vielen Reisen als Karawanenführer lernte er die Menschen Arabiens und ihre Verehrung für die unterschiedlichen Stammesgottheiten kennen. Er traf hier aber auch auf Christen und auf Juden.
Der nachdenkliche junge Mann zieht sich manchmal in die Einsamkeit zurück. Er macht sich Gedanken um den Sinn des Lebens. Eines Tages hat er eine Vision, durch die er sich beauftragt fühlt den wahren Glauben zu verkünden. Zuerst erzählt er seiner Frau davon. Sie glaubt ihm und unterstützt ihn.
Aber oft wird der Mann, wenn er in der Stadt von seinen Offenbarungen erzählt, ausgelacht und verspottet. Mit seiner Lehre von dem einen Gott Allah stellt er sich gegen die Verehrung einer Vielzahl von Göttern durch die Angehörigen der verschiedenen arabischen Stämme. Den Reichen der Stadt wird er zunehmend gefährlich, denn er greift ihren Geiz gegenüber Bedürftigen an. Sie verfolgen ihn und seine Anhänger.
Schließlich verlässt der Mann mit wenigen treuen Freunden die Stadt. Jathrib, später die „Stadt des Propheten" (Medina) genannt, wird sein Zufluchtsort. Hier findet er mehr und mehr Anhänger. Er selbst wird religiöses Oberhaupt und Staatsführer Arabiens. Seine Nachfolger nennen sich Kalifen.

Aufgabe 1: *Präzisiere die Angaben zum Geschehen, von dem hier erzählt wird.*

Die Stadt heißt ______________________

Das Heiligtum in der Stadt ist ______________________

Der Mann heißt ______________________

Der Glaube, den der Mann verkündet, ist ______________________

Das Jahr seiner Übersiedlung nach Medina ist __________ *. Deshalb beginnt*

mit diesem Jahr ____

____

Aufgabe 2: *Vor dir haben Schülerinnen und Schüler die Geschichte gehört und dazu ihre Bilder gezeichnet. Schreibe zu den beiden Bildern, was du auf ihnen von der Geschichte wieder findest.*

Aufgabe 3: *Unterstreiche im Text farbig, was du mit einem eigenen Bild darstellen möchtest. Dein Werk könnte zusammen mit anderen als Bildergeschichte oder Collage zusammengestellt werden. Das wird nur etwas, wenn eine solche Idee in der Klasse vorgetragen wird. Warum nicht von dir?*

Was von den Arabern stammt

Aufgabe 1: *Ist das ein Gebäude, das du mit dem Islam in Verbindung bringst? Schau dir seine Bausteine genauer an. Verfolge waagerechte, senkrechte und diagonale Linien. Du findest so 16 Bezeichnungen für Dinge, die einmal aus dem Arabischen gekommen sind und heute wie selbstverständlich zu unserem Leben gehören. Kennzeichne die Begriffe mit einem farbigen Stift.*

Aufgabe 2: *Die Mehrzahl der Begriffe lässt sich zwei Bereichen zuordnen. Schreibe zu ihnen die gefundenen Bezeichnungen heraus.*

Essen/Trinken: ____________________

____

____

____

Kleidung: ____________________

____

____

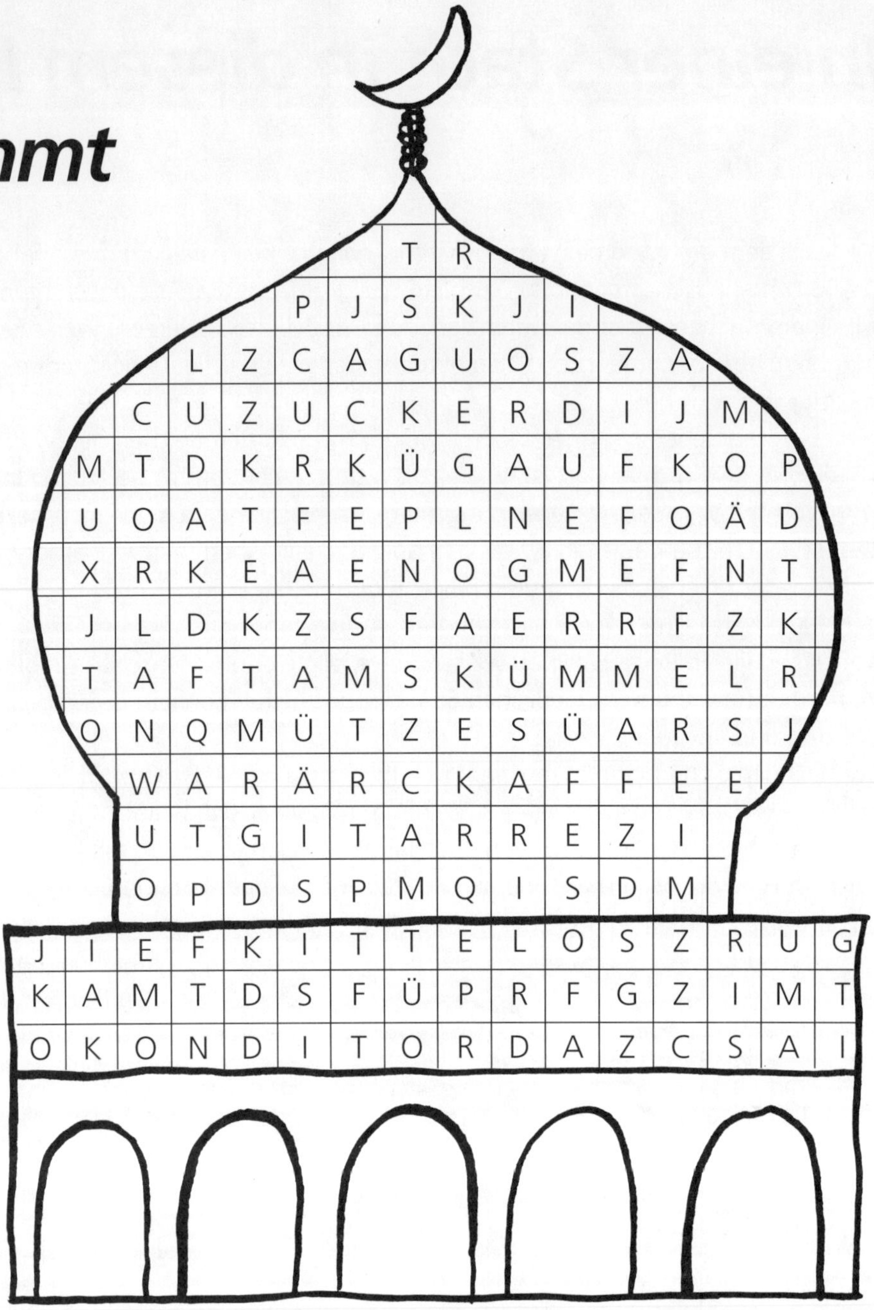

Für dich eine Selbstverständlichkeit beim Rechnen:
Es ist aber eine indische Erfindung, die über arabische Gelehrte nach Europa gelangte. Hier die Erklärung des arabischen Gelehrten al-Chwarismis: „Bleibt nichts übrig, so setze das Kreislein, damit die Stelle nicht leer sei, sondern das Kreislein muss sie einnehmen, damit nicht, wenn sie leer bleibt, die Stellen vermindert werden …"

Aufgabe 3: *Welche „Rechenerfindung" wird hier erklärt?* ____________________

Schreibe zuerst noch einmal mit römischen Zahlen als Rechenaufgabe: 38 minus 18. (Zur Erinnerung Zahlen in römischer Schreibweise, die du dazu brauchst: 1 = I, 5 = V, 10 = X)

Welche Vorteile bringt es, wenn man mit dem „Kreislein" rechnet? Schreibe die Rechnung in der Weise auf, wie du es für günstig hältst.

Ein Sultan ließ über ein Wunder berichten

„Adud ed-Daule hatte dem zwischen Schiras und Istachr fließenden Flusse durch eine gewaltige Mauer den Lauf versperrt. Da bildete das Wasser einen See und stieg hoch. Dann stellte er zu beiden Seiten Wasserräder auf und bei jedem Wasserrad eine Mühle und bewässerte so 300 Dörfer. So ist dies heute eins von den Wundern Persiens."

Aufgabe 4: *Was wurde gebaut? Zeichne das Bauwerk und bezeichne seine Teile.*

Zum Beispiel Ibn Sina

Begabte Kinder, Wunderkinder, gab es zu allen Zeiten. Um 990 hieß eines von ihnen Ibn Sina. Der Junge erstaunte die Erwachsenen durch seinen ________________. Mit 17 Jahren heilte er einen hohen Beamten von einer schweren ________________. Zum Dank dafür durfte er uneingeschränkt dessen große ________________ benutzen. Da Ibn Sina ein guter ________________ war und Krankheiten treffend beschreiben konnte, wurde sein Werk „Kanon der Medizin" Bestandteil vieler Bibliotheken. Es behielt bis ins 17. Jahrhundert große Bedeutung für die medizinische ________________. Schon vor 1000 Jahren gehörten in jeder größeren ________________ des arabischen Reiches die ________________ zu den wichtigsten Einrichtungen. Arabische Ärzte und ihre ________________ war weit über die Grenzen des Landes berühmt.

WISSENSCHAFT STADT
KRANKENHÄUSER BIBLIOTHEK ARZNEIEN
WISSENSDRANG KRANKHEIT BEOBACHTER

Aufgabe 5: *Setze die Wörter, die aus dem Text „herausgefallen" sind, wieder ein.*

„Goldene Worte"
Vor 1000 Jahren gaben Gelehrte gerne den Jüngeren gut formulierte Weisheiten mit auf den Weg. Vielleicht sind die ja auch für uns interessant?

Worte des Gelehrten Mutahbar aus dem Jahre 966: „Die Finsternis entschleiert ihr Kamel nur dem, der nicht in ihr herumtappt wie ein blindes Antlitz in der Wissenschaft."

Aufgabe 6: *Da muss beim Übersetzen etwas gründlich danebengegangen sein! Versuche eine Korrektur. Tausche dazu Wörter aus und schreibe neu.*

Wo das Frankenreich entstand

Eine Legende erzählt: Der Frankenkönig Childerich träumte eines Nachts davon, dass sich vor seinem Herrensitz wilde, gefräßige Tiere tummelten. Zuerst waren da Löwen und Leoparden, hinter ihnen Wölfe und Bären. Dann kamen sich zankende Hunde. Die Königin erklärte den Traum so: „Unser Sohn (Chlodwig) wird stark sein wie ein Löwe, seine Kinder werden raubgierig sein wie Wölfe. Deren Nachkommen ...“. Wann diese Geschichte entstanden ist, weiß man nicht. Ob sie zum wirklichen Geschehen passt?

Aufgabe 1: *Überprüfe das, indem du die Karte mit den auf der Seite 61 dafür bereitgestellten Kartenteilen ergänzt. Schneide dazu die Teile aus, ordne sie auf der Karte richtig ein und klebe sie auf, wenn du sicher bist.*

Das Frankenreich unter Chlodwig und seinen Söhnen

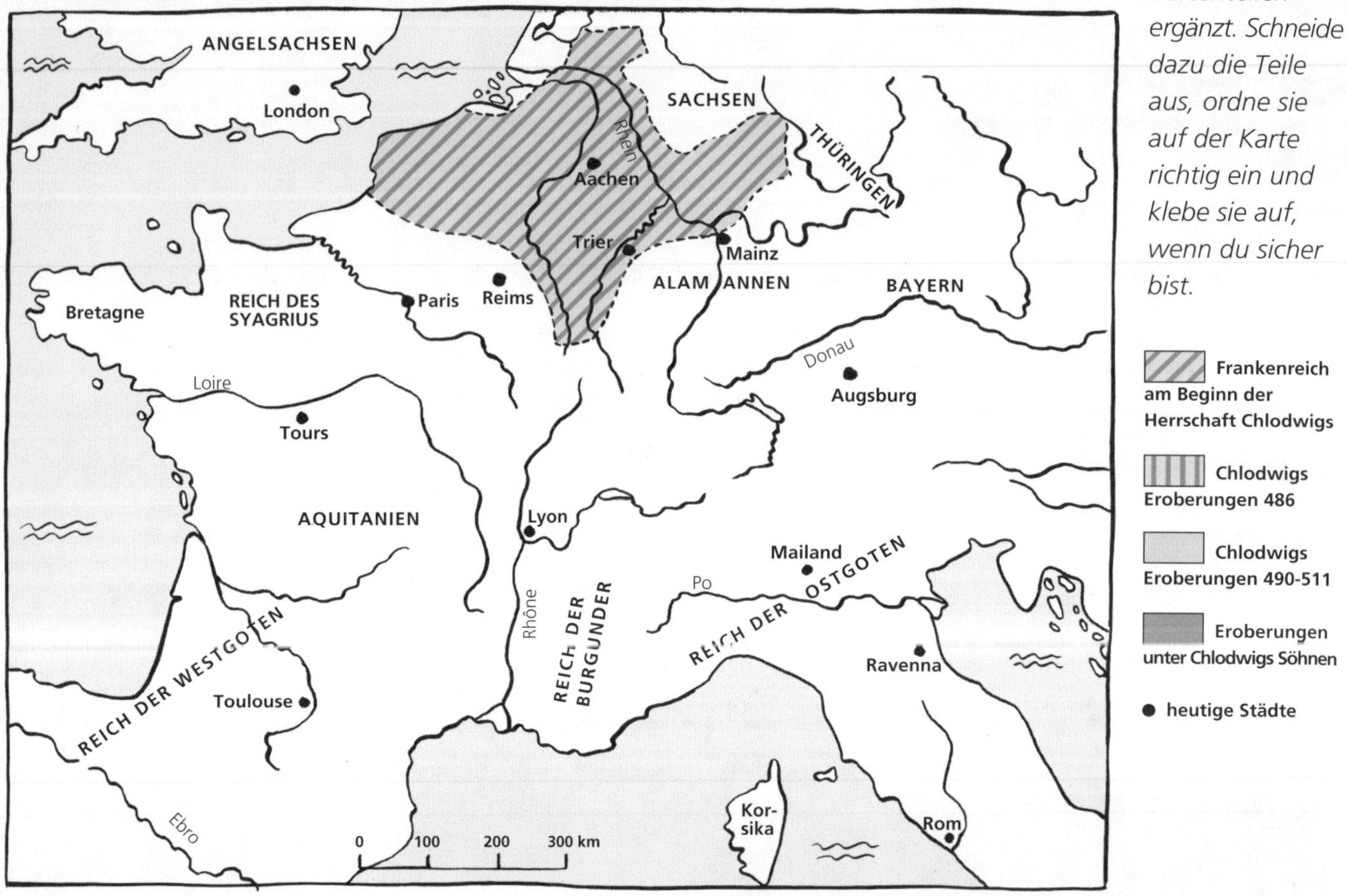

Aufgabe 2: *Nenne die Namen von fünf Reichen bzw. germanischen Stämmen, deren Gebiete die Franken sich unterwarfen. Suche die dazu notwendigen Angaben auf Karten in deinem Geschichtsbuch.*

____

____

____

____

____

Aufgabe 3: *Gebiete, die damals das Frankenreich ausmachten, gehören heute zu ÖSTERREICH, IRLAND, ITALIEN, SPANIEN, UNGARN, LUXEMBURG, BELGIEN, TSCHECHIEN, DEUTSCHLAND, DEN NIEDERLANDEN, SCHWEIZ, POLEN.*

Halt! So groß war das Frankenreich nun doch nicht! Streiche die Namen der Staaten, die fälschlich hier stehen, weg. Und dann ist in der Aufzählung noch ein Staat vergessen worden. Ergänze:

__ __ __ __ __ __ __ __ __ __

Der Bischof, die Königin, der König

Was hier auf einem kostbaren Wandteppich dargestellt ist, gilt als die wichtigste Tat des Bischofs Remigius von Reims. Gleichzeitig war das ein bedeutendes Ereignis im Leben von König Chlodwig.
Du nimmst an diesem Ereignis teil, stehst in der hinteren Reihe. Man sieht auf dem Bild gerade mal noch deine Kopfbedeckung. Aber natürlich kriegst du alles mit. Und du überlegst auch schon, wie du darüber so erzählen kannst, dass dir alle wie gebannt zuhören.

Aufgabe 1: *Damit du das Wichtigste nicht vergisst, können ein paar Notizen nicht schaden. Ergänze:*

Ereignis: ______________________

____

Ort und Zeit: ______________________

____

Wichtige Personen: ______________________

____

Wie es zum Ereignis kam: ______________________

____

____

____

Zum Ablauf des Geschehens: ______________________

____

____

Zu Folgen, die das Ereignis haben wird:

____

____

Aufgabe 2: *Schreibe deine Erzählung. (Lege dafür ein Blatt ein.)*

Aufgabe 3: *Wenn deine Erzählung fertig ist, werden sich in ihr geschichtliche Tatsachen und deine Fantasie gemischt haben. Kennzeichne die Teile im Text deiner Erzählung, die deiner Meinung nach geschichtliche Tatsachen wiedergeben.*

Aufgabe 4 *Lest euch in der Gruppe oder Klasse eure Erzählungen gegenseitig vor. Wählt die spannendste Geschichte.*

Beten und Arbeiten – Leben im Kloster

Wie ein Kloster am günstigsten beschaffen sein sollte, darüber machten sich deren Gründer natürlich ihre Gedanken. So entstand auch dieser „Idealplan" eines Klosters des Mönchsordens der Benediktiner. Er gibt uns Auskünfte über das Leben im Kloster.

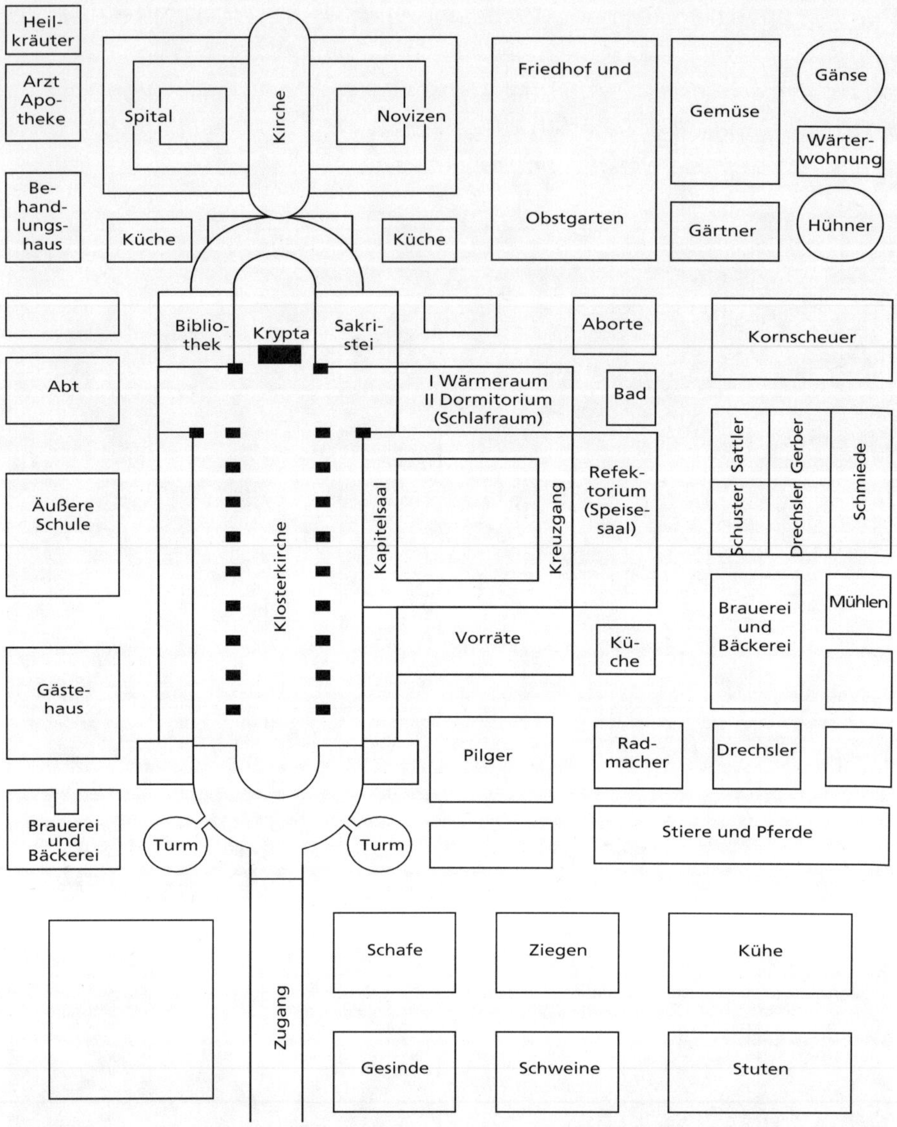

Aufgabe 1: *Die wichtigste Regel der Benediktinermönche hieß: Bete und arbeite. Wie wird dieser Grundsatz auch im vorliegenden Klosterplan erkennbar? Kennzeichne im Plan mit kontrastierenden Farben zum einen Gebäudeteile, die stärker dem kirchlichen Dienst vorbehalten sind, und zum anderen die, die stärker zur Wirtschaft des Klosters gehören.*

Aufgabe 2: *Betrachte den Plan und ergänze im Schema unten, welche unterschiedlichen Tätigkeiten bzw. Berufe in der Arbeit des Klosters schon erkennbar werden.*

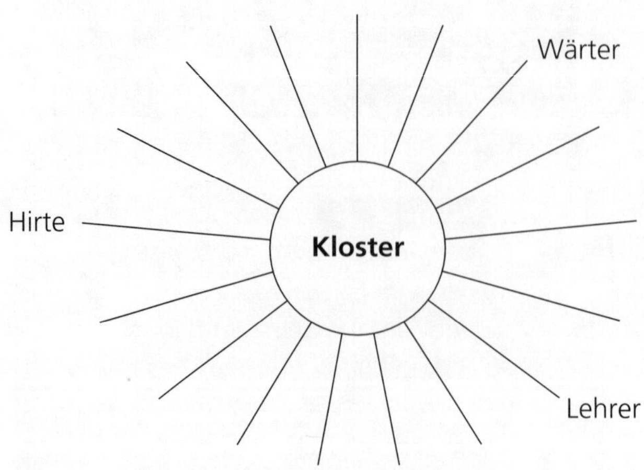

Die Grundherrschaft – Bauern und Grundherren im Mittelalter

Aufgabe 1: *Sind die Aussagen richtig oder falsch? Kreuze im Kästchen die entsprechende Ziffer an. Schneide den Bildausschnitt mit dieser Nummer aus und lege ihn auf das Kästchen. Wenn sich im Ergebnis kein „richtiges" Bild ergibt, musst du deine Antworten noch einmal prüfen. Erst dann klebe die Teile fest. (Bevor du mit dem Schneiden beginnst, prüfe, ob du auf der Rückseite noch arbeiten willst. Du weißt schon: Kopieren ist in diesem Fall der Ausweg.)*

Aufgabe 2: *Was erkennst du auf dem Bild? Formuliere eine treffende Bildunterschrift.*

Im Frankenreich mussten freie Bauern mit eigener Rüstung für den König in den Krieg ziehen. **Richtig: 4** **Falsch: 9**	**Grundherren konnten Adlige, aber auch Klöster sein.** **Richtig: 3** **Falsch: 2**	**Die Allmende nutzten alle Bauern des Dorfes gemeinsam.** **Richtig: 2** **Falsch: 1**	**Bauern, die von einem Grundherren abhängig waren, hatten Abgaben, Kriegs- und Frondienste zu leisten.** **Richtig: 7** **Falsch: 8**
Abgaben und Frondienste wurden zwischen den adligen Grundherren und den auf ihrem Boden arbeitenden Bauern ausgehandelt. **Richtig: 8** **Falsch: 5**	**Die Dreifelderwirtschaft führte zu höheren Erträgen.** **Richtig: 1** **Falsch: 2**	**Durch Rodung der Wälder wurde das Land verwüstet.** **Richtig: 1** **Falsch: 11**	**Abhängige Bauern hatten die gleichen Rechte wie freie Bauern.** **Richtig: 4** **Falsch: 9**
Pferde wurden um 800 selten als Zugtiere verwendet. Am häufigsten waren es Rinder, die von den Bauern vor den Wagen oder Pflug gespannt wurden. **Richtig: 6** **Falsch: 12**	**Wenn die Bauern mit ihrem eigenen Gerät oder Vieh zum Frondienste verpflichtet waren, bemühten sie sich es sehr zu schonen.** **Richtig: 12** **Falsch: 4**	**Freie Bauern mussten keine Abgaben, dafür aber Arbeitsdienste leisten.** **Richtig: 2** **Falsch: 10**	**Die Zahl der Bauern, die noch frei über ihr Land verfügen konnten, nahm in der Regierungszeit Karls des Großen und auch später ständig ab.** **Richtig: 7** **Falsch: 10**

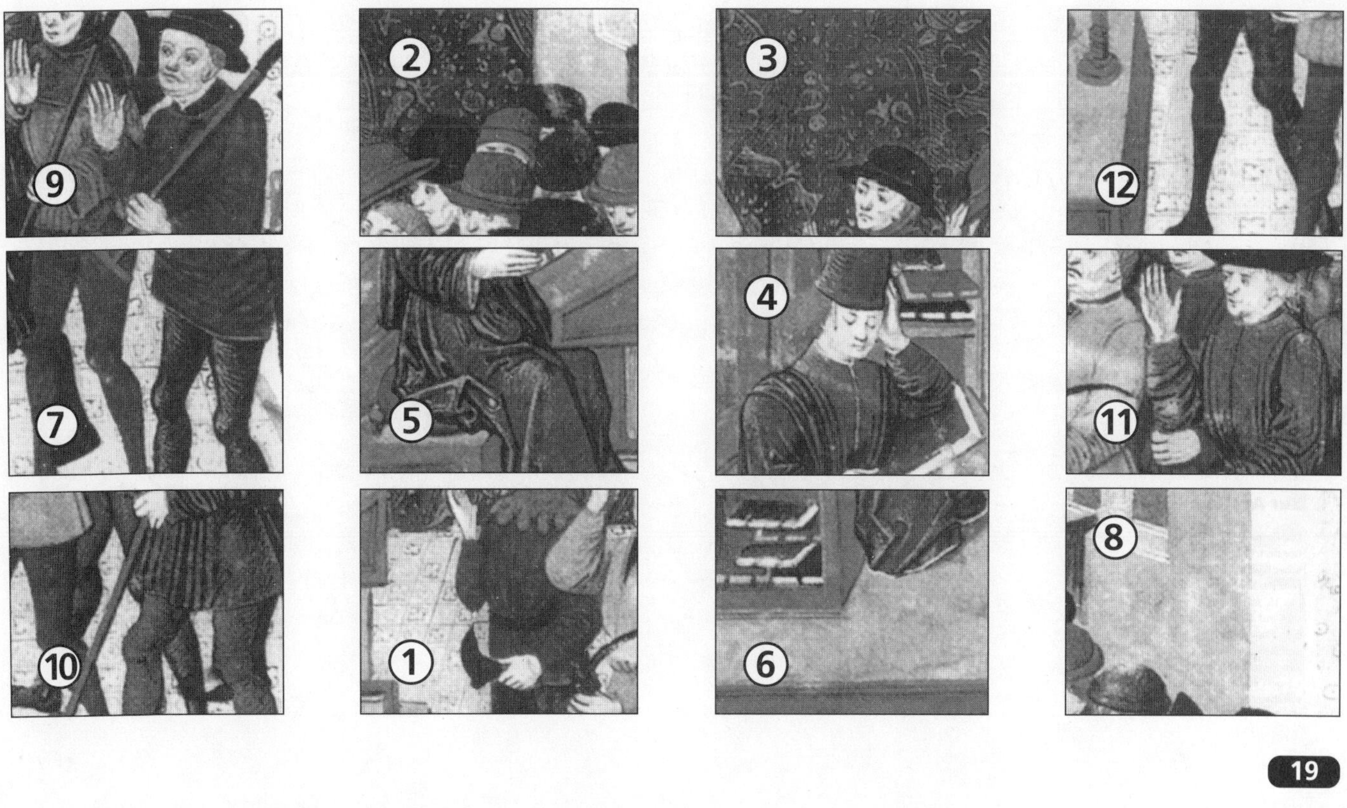

So vergeht ein Jahr – Würfelspiel zum Leben im früheren Mittelalter

Die Spielregeln können je nach der Anzahl der Spielerinnen und Spieler und der geplanten Spielzeit in Anlehnung an „Mensch, ärgere dich nicht" variiert werden. Aufgabe der Spielleitung ist es, die Texte zu den markierten Feldern vorzulesen und die Antworten einzuschätzen. Die Spielleitung sollte von Spiel zu Spiel gewechselt werden.

1. Es ist Frühjahr. Du wirst zum Kriegsdienst gerufen. Was wird mit dem Acker? Wenn du eine Lösung weißt, rücke zwei Felder vor, sonst musst du zurück auf den Start.	6. Auf der Weide ist wegen der Trockenheit das Gras spärlich. Du wirst Mühe haben deine Abgaben an Eiern, Milch und Käse zu erfüllen. Nenne drei weitere Produkte, die zu den üblichen Abgaben der Bauern gehörten, oder setze einmal beim Würfeln aus.	11. Die Getreideernte ist schlecht. Neben den Abgaben und dem notwendigen Saatgut für das nächste Jahr wird wenig bleiben. Erläutere die Vorteile der Dreifelderwirtschaft oder setze zweimal beim Würfeln aus.
2. Durch eine Seuche verlierst du eine Kuh. Nenne zwei Bereiche, in denen sie dir fehlen wird, oder setze zweimal beim Würfeln aus.	7. Das Dorf ist in Aufregung. In der benachbarten Pfalz werden bald der Herrscher und sein Hof eintreffen. Wenn du zwei Gründe nennen kannst, warum Karl der Große mit seinem Hof von Pfalz zu Pfalz zog, kannst du zweimal zusätzlich würfeln.	12. Deine Tochter ist jetzt kräftig genug. Sie wird bei der Schafschur helfen. Du kannst zehn Felder vorrücken, wenn du drei weitere bäuerliche Arbeiten nennen kannst, die vor allem in den Händen der Frauen lagen.
3. Die Saat ist eingebracht. Das Dorf feiert. Du rückst so viele Felder vor, wie dein Vorname Buchstaben hat.	8. Der Besuch des Herrschers kommt deinem Grundherren gerade recht um von dir zusätzliche Fuhrdienste zu fordern. Man müsste sich beim König beschweren, meinen auch deine Nachbarn. Du traust dich nicht und gehst fünf Felder zurück.	13. Beim Holzeinschlag im Winter traf ein Baum den Hofnachbarn. Das ist passiert, weil seine Frau am Sonntag gewaschen hat, so reden die Leute. Du hältst zur Nachbarin und darfst die Abkürzung zur 14 nehmen.
4. Der kleine Sohn stirbt, bevor er laufen und sprechen kann. Die Familie ist traurig. Du setzt einmal beim Würfeln aus.	9. Das Feuer aus der Herdstelle in deinem Haus hat Teile des Daches zerstört. Vor dem beginnenden Herbstregen muss es repariert sein. Dadurch verlierst du kostbare Erntezeit. Setze einmal beim Würfeln aus.	14. Ein Jahr ist vorbei. Du hast alle Dienste gegenüber deinem Grundherren erfüllen können. Zähle Arten der Frondienste auf. Wie viele Dienste du nennen kannst, so viele Felder müssen die anderen Mitspielerinnen und Mitspieler zurück.
5. Du hast am Sonntag auf dem Feld gearbeitet. Das ist gegen das Gebot der Kirche. Du musst zehn Felder zurück.	10. Im Wald des Dorfes gibt es in diesem Jahr besonders viele Eicheln. Das tut den Schweinen gut. Du kannst fünf Felder vorrücken, wenn du weißt, was außer dem Wald noch zur Allmende gehörte.	15. Du bist am Ziel – fast! Wer beim Spiel am weitesten zurückliegt, darf dir eine Frage zum Leben in einem fränkischen Dorf stellen. Weißt du die Antwort nicht, musst du ein Feld zurück.

Das Spielfeld bildet die Umrisse des Saalbaus in den Kaiserpfalz Aachen. Wenn du alle Hindernisse genommen hast, stehst du an seiner Tür. Weiter kommst du nicht, denn das Gebäude gibt es nicht mehr. In seinem Obergeschoss befand sich der Königssaal. Er war 20 Meter breit und 55 Meter lang und ganz bestimmt prächtig eingerichtet. Gesandschaften fremder Herrscher, die Karl in Aachen aufsuchten, haben das jedenfalls so berichtet.

In einem Bauernhaus – Hier lebt Arnegunde

Die zehnjährige Arnegunde steht in der Tür des Hauses, in dem ihre Familie lebt. Selten schaut sie sich die Dinge so genau an wie heute. Der Grund: Sie hatte mit dem Vater Eier und Milch auf dem Herrenhof abgeliefert, dabei auch einen Blick in die Eingangshalle des Herrenhauses erhascht. Das war schon etwas anderes! So groß und geräumig war es bei ihnen nicht.
Jetzt steht sie zu Hause in der Tür und kann die gegenüberliegende Wand kaum erkennen. Das Feuer in der Herdstelle qualmt und beißt in den Augen, während die Mutter den schweren eisernen Kessel über das Feuer hängt, dabei aufpasst, dass sie nicht die große Wasserkanne umwirft.
Erst langsam verzieht sich der Rauch nach oben und findet den Abzug, ein Loch in der Giebelwand. Sein Weg führt vorbei an ein paar Fischen und Pilzen auf einer Schnur, die so getrocknet und haltbar gemacht werden. Von der Speckseite, die seit dem letzten Schlachten auch dort hängt, ist nur noch ein kleiner Rest geblieben.
Durch die Luken an der Wand kommt wenig Licht. Flechtwerk bedeckt sie zur Hälfte. Wahrscheinlich hat die Mutter so den Platz schützen wollen, an dem der kleine Guntar röchelnd schläft. Zusätzlich war ein Fell über seinen Strohsack gelegt. So friert er bestimmt nicht. Gestern ist es mit seinem Husten ganz schlimm gewesen.
Da sind der stämmige Tisch mit der zweiten Bank nahe am Herdfeuer und die beiden Hocker. Einen von ihnen stellt sich die Mutter immer dort hin, wo sie ihn gerade braucht, an die Feuerstelle oder dicht an die Tür, wenn sie bei schlechtem Wetter im Haus spinnt. Die Kiste, in der Decken und Kleider aufbewahrt werden, steht in der dunkelsten Ecke neben dem breiten Bett.

Irgendwie ist es doch behaglich im Haus. Hinter dem Bretterverschlag rumoren die beiden Kühe und die Ziegen. Gerade im Winter kann man die Wärme, die ihre Körper verströmen, gut vertragen.
Jetzt riecht man auch schon, was am Abend auf den Tisch kommen wird, gekochtes Gemüse und Haferbrei. Im Hof hört Arnegunde den Vater mit ihrem großen Bruder Odolf reden. Sie kontrollieren wohl die Räder des Wagens. Morgen werden die beiden aufs Feld fahren. Sie wird mit der Mutter auf dem Hof bleiben. Das Waschen und die Arbeit im Garten warten auf sie. Das ist dann ein ganz normaler Tag.
Bis es mal wieder ein Fest gibt mit Tanz, gutem Essen und viel Bier für die Erwachsenen, durch das sie dann so lustig werden und komische Sachen machen, wird es noch ein bisschen dauern. Eine Hochzeit oder Taufe ist nicht in Sicht, Ostern noch weit.

Aufgabe 1: *Richte das Haus auf der Nebenseite so ein, dass es Arnegundes Elternhaus ähnlich ist. Dabei kannst du es auch farbig gestalten. Natürlich hat das Mädchen nicht jede Einzelheit beschrieben. Gerade wenn Arbeitsgeräte auf deinem Bild erscheinen sollen, schaue zusätzlich in deinem Geschichtsbuch nach.*

Aufgabe 2: *Beschrifte die Arbeitsgeräte.*

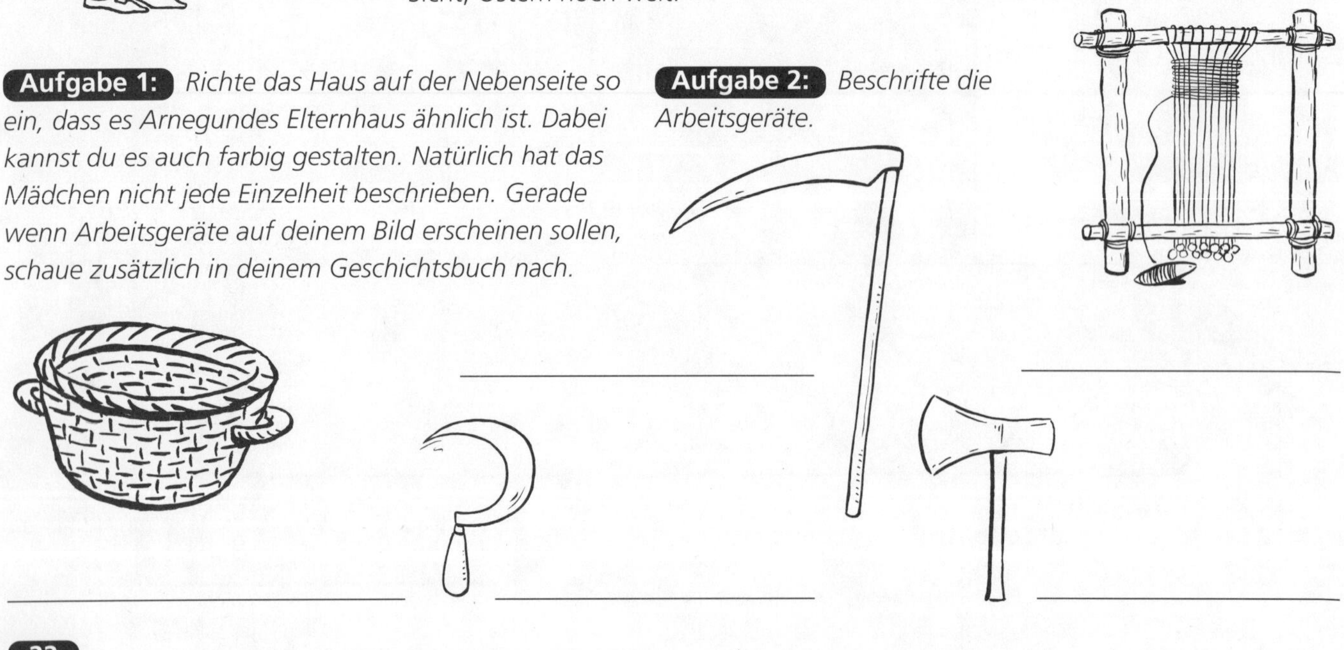

Eine kleine Spur der Franken

1969 schob eine Planierraupe in der Nähe von Kaltenwestheim in Thüringen Erde zusammen. Plötzlich blinkte etwas Buntes auf. Der Fahrer schaute nach. Er arbeitete schließlich nicht irgendwo. Ganz in der Nähe waren schon früher zwei Gräber gefunden worden. An Schmuck und Waffen, die bei den Toten lagen, hatten Fachleute damals erkannt, dass sie es mit Gräbern von Franken aus dem 7./8. Jahrhundert zu tun hatten.
Auch jetzt wurde die Erde sorgsam durchsucht. Dabei kamen ans Licht: Bronzeteile, die insgesamt eine runde Scheibe mit einem Durchmesser von 5,8 cm ergaben; verbogene Teile aus Goldblech; kleine Steinteilchen in unterschiedlichen Farben. Was kann das einmal gewesen sein?

Aufgabe 1: *Ordne die „gefundenen" Teile (die du auf S. 61 findest) passend in die runde Vorlage ein. Schneide dazu die Teilchen so aus, dass auch ihre Umrandungen wegfallen. Klebe sie ein.*

Aufgabe 2: *Bei dir sieht es jetzt so aus wie bei den Entdeckern. Auch sie hatten nicht alle Teile bergen können. Sie mussten das Fehlende des Schmuckstückes ergänzen. Zeichne die fehlenden Teile zuerst vorsichtig mit Bleistift in die runde Vorlage. Ziehe dann die Striche nach.*

Aufgabe 3: *Du hast die Form wiederhergestellt. Jetzt fehlen noch die bei einem Schmuck so wichtigen Farben. So wird dein Schmuck farbig: Die Platte ist aus mit kleinen Ornamenten verziertem Goldblech. Die in den „gefundenen" runden und rechteckigen Teilchen angegeben Zahlen bedeuten: 1 = weiß, 2 = rot, 3 = blau, 4 = schwarz, 5 = rosa. Für die von dir rekonstruierten Stücke findest du die Farben bestimmt auch selbst.*

Aufgabe 4: *Ist das nicht ein schönes Stück? Ja, und dann auch noch praktisch! Eine Klammer an der Rückseite der Scheibenfibel – so nennt man diesen Schmuck – funktionierte wie heute eine Sicherheitsnadel. Welche Aufgabe könnte sie gehabt haben? Male für die fränkische Frau einem Umhang, nutze zu seiner Befestigung eine Scheibenfibel.*

Aufgabe 5: *Fachleute sehen noch mehr: Sie vermuten, dass die Besitzerin der Fibel katholische Christin gewesen ist. Grundlage dafür ist die Verwendung eines christlichen Symbols bei der Gestaltung des Schmucks. Suche es auf „deiner" Fibel.*

Eine Krone des Frankenreichs, die es in sich hat

Aufgabe 1: *In der Krone sind 15 Angaben versteckt, die Auskunft darüber geben, wie Karl der Große und sein Vater dafür sorgten, dass ihre Krone nicht wackelte. Kennzeichne sie farbig. Du musst waagerecht, senkrecht und diagonal lesen.*

																	I																	
H																L	L	S																G
G	B														M	C	W	E	I														P	A
Q	S	F	B											T	E	B	M	Y	H	Z												E	Y	T
J	K	D	R	N									N	Y	R	D	A	L	S	E	A										G	Ö	Ä	Ü
R	H	H	H	A	T							H	Q	Ä	O	H	B	L	H	C	N	Ä							J	P	F	A	L	Z
W	V	E	G	F	I	H					G	T	Z	N	B	D	S	C	L	O	J	S	W					W	Q	H	F	Z	M	S
P	S	R	Y	E	Ä	S	G			J	P	U	C	Y	E	M	Z	T	L	O	Z	P	P	N			U	B	Z	T	Ü	Y	I	Ö
W	B	Z	I	J	Ü	Q	H	R	Ö	W	K	Ö	E	L	R	D	P	V	E	H	D	F	B	Y	G	S	L	J	P	R	T	A	T	R
O	G	Ö	T	Z	D	W	P	A	Q	G	R	P	D	N	U	C	P	I	P	P	I	N	X	D	R	V	W	C	V	E	M	S	E	D
K	M	G	F	R	S	L	E	H	N	S	W	E	S	E	N	I	S	H	S	J	Ö	D	Q	Ü	H	A	Y	K	T	U	O	V	F	P
S	J	E	V	D	J	X	D	B	G	Ä	I	K	J	P	G	K	C	X	B	I	N	T	H	A	M	Q	M	Ö	S	E	H	Y	W	N
R	Y	U	H	S	C	H	U	T	Z	T	M	U	M	Ö	E	D	J	H	A	U	S	M	A	I	E	R	P	I	Ä	M	D	L	N	D
D	J	Z	V	L	R	B	M	L	Ü	S	N	H	Y	S	N	V	P	S	J	M	S	T	V	W	N	K	M	A	D	F	Ä	E	H	U
T	G	S	Ü	R	Z	Y	X	**D**	K	P	Ö	X	K	**E**	R	J	N	F	G	U	**R**	J	P	U	F	T	V	**P**	B	E	R	H	T	A
F	M	E	Ö	H	X	Q	**A**	H	**P**	R	H	C	**S**	M	**T**	F	K	G	S	**K**	K	**R**	A	D	N	J	**Ö**	O	**N**	V	D	E	Y	Q
P	K	F	C	D	T	**T**	Ü	Ö	F	**E**	F	**K**	W	K	D	**A**	P	J	**R**	G	V	J	**L**	I	L	**Z**	X	S	J	**U**	J	N	Ö	S
Ü	O	B	U	K	**M**	N	C	Z	X	B	**K**	**A**	C	R	S	V	**I**	**S**	I	A	P	Ä	Z	**E**	**R**	B	N	D	G	A	F	K	C	P
Ö	L	Q	S	V	D	S	Y	A	Z	V	L	D	T	G	Q	M	O	F	J	B	F	M	T	N	F	S	F	R	V	W	O	K	Z	J
T	R	G	N	Q	Ü	Q	G	H	Ö	J	O	Y	Ü	T	L	Ö	O	Ä	T	N	D	E	Z	S	W	J	Q	H	R	D	P	X	Y	R
K	Y	M	V	A	S	A	L	L	E	N	Ä	G	C	S	W	F	V	Z	Ä	F	H	K	N	T	Ö	T	J	G	M	W	Ä	U	L	K
W	Ä	O	C	T	F	K	E	S	L	J	K	Ö	N	I	G	S	B	O	T	E	N	X	A	D	S	V	Z	Ö	K	H	T	G	B	Ü

Aufgabe 2: *Vervollständige mit den gefundenen Angaben den Text:*

Der Großvater Karls war _ _ _ _ _ _ _ _ _ _ _ _ des fränkischen Königs. Karls Vater _ _ _ _ _ _ _ _ setzt dann seinen schwachen Herrscher ab und regierte selbst als König. Er begann – so sagt man heute – das _ _ _ _ _ _ _ _ _ _ _ _ _ einzuführen. Adlige, z. B. _ _ _ _ _ _ _ _ und _ _ _ _ _ _ _ _ _ erhielten für ihre Dienste vom König Land als _ _ _ _ _ _ und wurden seine _ _ _ _ _ _ _ _ _ _. Neben dem eigenen Land, dem _ _ _ _ _ _, bekamen die Adligen so Land hinzu. Sie selbst konnten das auch wieder an ihre Getreuen vergeben, die weiter an die ihnen Untergebenen. Vasallen schworen für ein Lehen ihrem Herren _ _ _ _ _ _ und mussten ihm _ _ _ _ _ _ _ _ _ leisten. Der Lehnsherr stellte sie unter seinen _ _ _ _ _ _ _ _. So entstanden über eine längere Zeit Verhältnisse, die sich als _ _ _ _ _ _ _ _ _ _ _ _ _ _ _ _ _ _ darstellen lassen. Durch _ _ _ _ _ _ _ _ _ _ _ _ _ _ vergrößerte sich das Frankenreich zur Zeit Karls weiter. Er ernannte _ _ _ _ _ _ _ _ _ _ _ _ _ _, die er als Kontrolleure in alle Reichsteile schickte. Weil der König mit seinem Hof von einer _ _ _ _ _ _ zur anderen zog, konnte er seine „Beamten" auch persönlich kontrollieren.

Aufgabe 3: *Füge die Buchstaben aus den dunkel unterlegten Feldern zu einer Nachricht aus dem Jahr 800 zusammen. Schreibe sie auf:*

In einem mittelalterlichen Rechtsbuch – Was man aus einem Bild lesen kann

Im Mittelalter konnten die wenigsten Menschen lesen und schreiben. Auch bei den Adligen war es darum nicht gut bestellt. Deshalb waren Bücher, besonders wenn sie Festlegungen zu Rechten und Pflichten enthielten, mit vielen Bildern versehen. Was man nicht oder nur recht und schlecht lesen konnte, sollte über die Abbildungen klar werden. Hier findest du eine Abbildung aus einem wichtigen Rechtsbuch. Kannst du sie „lesen"?

Aufgabe 1: *Welche Situation wird dargestellt? Bezeichne die dargestellten Personen. Wenn du ein wenig Hilfe brauchst: Der Mann, der in der Mitte kniet, ist ohne Gürtel, Waffen und Hut. Er legt seine Hände in die des rechts Sitzenden, der ein Fahne bereithält. Gleichzeitig schaut er auf den anderen Mann, der eine Krone trägt und den Zeigefinger hebt.*

1 2 3

Aufgabe 3: *Sicher waren die drei Personen in der dargestellten Situation nicht stumm. Was könnten sie gesprochen haben? Nutze die „Sprechblasen" für deine Vorschläge.*

Aufgabe 2: *Finde eine treffende Unterschrift zum Bild.*

Aufgabe 4: *Du hast schon bei anderen Gelegenheiten erfahren, dass man mit einer Pyramide gut eine Ordnung in der Gesellschaft darstellen kann. Welchen Platz nehmen die auf dem Bild dargestellten Personen in der Pyramide ein? Trage ein.*

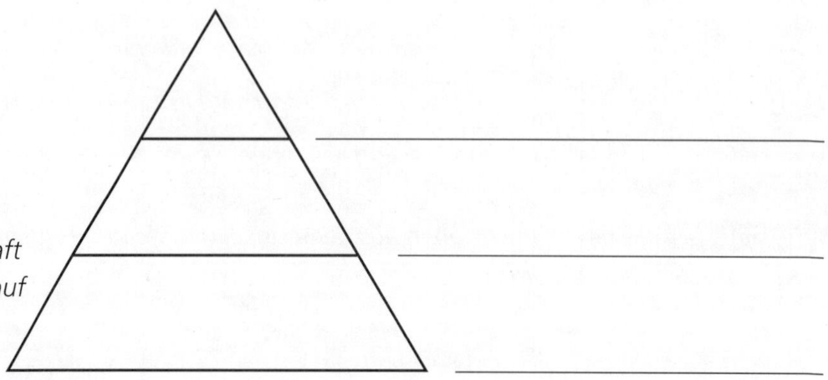

Beatas Geschenk an das Kloster – Was eine Urkunde berichtet

Nur wenige Urkunden sind aus der Zeit des Frankenreiches überliefert. Deshalb ist es sehr wichtig, an dem Erhaltenen genau zu prüfen, was man daraus über die damaligen Verhältnisse erfahren kann.
Versuche dich an der folgenden Urkunde, die etwa um 740 entstanden sein könnte. Sie ist wegen der oft ungewöhnlichen Wortwahl mit Erklärungen ( ) versehen, auch gekürzt und in Abschnitte gegliedert.

(1) „In Gott, ich Beata, die Tochter des Rachinberts und seiner Frau Hatta,
(2) habe den Wunsch, mit zerknirschtem Herzen, aus Furcht vor Gott und zum Heil meiner und meiner Eltern Seele
(3) dem Kloster des heiligen Gallus (Kloster St. Gallen)
(4) eine Schenkung zu machen. Was ich oder mein Vater besitzen, sowohl mein väterliches wie mein mütterliches Erbe wie meine und meines Mannes Landold Erwerbungen, mit dessen Zustimmung ich dies tue, übergebe ich vom heutigen Tage ab in die Herrschaft des Gallus, des Abtes Otmar und der dort dienenden Mönche mit den Wohn- und Wirtschaftsgebäuden, Hütten und Vorwerken, Leibeigenen, Knechten, Mägden, Hörigen, Fluren, Wiesen, Wäldern, Viehherden, Gartenfrüchten, Baumgärten, Wassern ....
(5) Dies alles sollen das oben genannte Kloster und seine Leiter zu Besitz haben. Und ich empfange von diesem Kloster den abgeschätzten Preis, das ist an Gold und Silber 70 Schillinge und 5 Pferden mit Packsätteln und Fellen und Wolldecken mit ihrem Reitzeug für meine Reise nach Rom.
(6) Und wenn Gott will, dass ich zurückkehre, sollen sie mir, was ich gegeben habe, zum Nießbrauch zugestehen (leihen). Nach meinem Tode sollen diese Güter an das Kloster St. Gallen zurückfallen."

Aufgabe 1: *Beschreibe Aufbau und Inhalt der Urkunde. Ergänze dazu die Übersicht:*

(1) Name und Herkunft der Ausstellerin

(2) Die Ausstellerin begründet ihr Vorhaben

(3) ______________________________

(4) Verpflichtung der Ausstellerin

(5) ______________________________

(6) ______________________________

Aufgabe 2: *Die Abbildung kannst du so ausmalen, wie du dir eine nach Rom reitende Frau vorstellst.*

Aufgabe 3: *Einige Wörter aus der Urkunde haben in der langen Zeit bis heute ihre Bedeutung verändert. Heute sagen wir z. B. „Geschenkt ist geschenkt und Wiederholen ist gestohlen" oder: „Geliehen ist nicht geschenkt." Prüfe, was „Schenken" damals beinhalten konnte und heute meint*

DAMALS: ______________________________

HEUTE: ______________________________

Aufgabe 4: *Was berichtet die Urkunde über ihre Ausstellerin selbst? Kreuze das deiner Meinung nach Zutreffende mit farbigem Stift an und unterstreiche gleichfarbig die Wörter in der Urkunde, auf die du dich stützen kannst.*
Beata ist: ◯ *Bäuerin,* ◯ *Christin,* ◯ *Adlige,* ◯ *Anhängerin germanischer Götter,* ◯ *Ehefrau,* ◯ *Hörige,* ◯ *Königsvasallin,* ◯ *Grundherrin.*

Karl der Große – Was man über ihn berichtet

Aus 46 Jahren Regierungszeit gibt es über einen Herrscher wie Karl den Großen schon einiges zu sagen. Aber aufgepasst, nicht alles, was hier steht, stimmt!

Aufgabe 1: *Welche der folgenden Aussagen stimmen, welche nicht? Suche die Ziffer deiner Antwort auf dem Schema unter den Fragen und male dort das jeweilige Kästchen dunkel aus. Wenn du alle Fragen richtig beantwortet hast, entsteht in dem Schema ein Wort. Es nennt die Begleitung, die Karl der Große auf seinen Wegen von Pfalz zu Pfalz hatte.*

		stimmt	stimmt nicht
1.	Karl hatte ein gutes Verhältnis zum Papst in Rom.	20	14
2.	Er löste die Bistümer und Grafschaften auf.	3	7
3.	In seiner Regierungszeit wurde eine neue einheitliche Schrift eingeführt.	13	17
4.	Er entmachtete die Bischöfe.	18	5
5.	Karl schickte Königsboten als Kontrolleure in alle Herzogtümer.	2	9
6.	Fast in jedem Jahr gab es unter seiner Führung Kriegszüge.	8	18
7.	An Karls Hof gehörten auch bedeutende Gelehrte und Dichter.	4	15
8.	Im Jahre 1382 eroberte Karl Großbritannien.	4	9
9.	Karl schuf sich in Aachen eine prächtige Pfalz.	12	17
10.	Im Jahre 800 wurde Karl zum Kaiser gekrönt.	21	3
11.	Karl traf 812 in Rom Kaiser Nero.	18	15
12.	Karl förderte den Bau von Straßen, Brücken und Kanälen.	10	14
13.	Karls Sohn wurde König von Spanien.	3	1
14.	Karl schaffte den Frondienst endgültig ab.	6	11
15.	An den Kaiserhof kamen Gesandte aus vielen Ländern, auch aus Arabien.	16	6

Lösungswort:

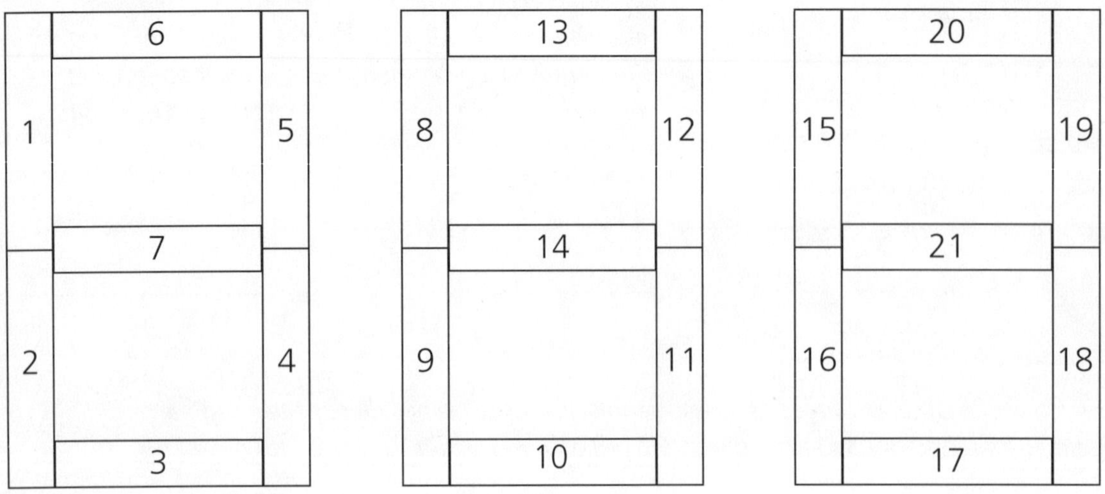

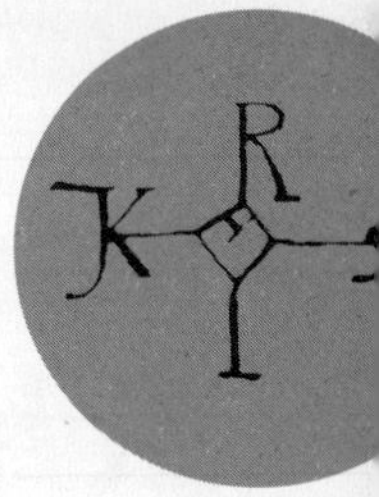

Einhard, ein Mönch und Geschichtsschreiber, hat als Erster über das Leben Karls des Großen ausführlich berichtet. Über das Bemühen Karls sich Bildung anzueignen wissen wir von Einhard:

„Während der Tafel hörte er (Karl) einen Musikanten oder einen Vorleser. Er ließ sich Geschichten der Alten vorlesen. ... Er widmete sich auch der Erlernung fremder Sprachen: Darunter brachte er es im Lateinischen so weit, dass er es wie seine Muttersprache redete, das Griechische konnte er besser verstehen, als selber sprechen... Er erlernte die Kunst zu rechnen. Auch zu schreiben versuchte er und pflegte deswegen Tafel und Büchlein (gemeint ist eine Fibel) im Bett unter dem Kopfkissen bei sich zu führen um in müßigen Stunden seine Hand an das Nachmachen von Buchstaben zu gewöhnen. Doch er hatte mit seinen ... Bemühungen wenig Erfolg."

So haben wir auch wenig Schriftliches von Karl selbst, eigentlich nur einen einzigen Buchstaben in seinen Initialen „Karolus", nämlich das „U". Das schrieb er selbst, wenn er mit dem ihm vorgelegten Text einverstanden war.

Aufgabe 2: *Hier seine Initialen:* 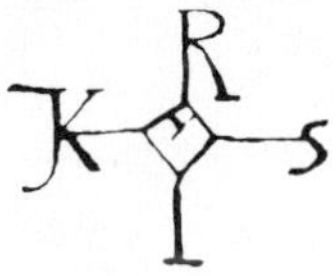

Welche Einzelbuchstaben findest du? Suche die Selbstlaute innen und die Mitlaute außen. Trage sie ein und ordne sie zum Namen. Was hat in den Initialen Karl selbst geschrieben? Hebe es farbig hervor.

Über die Mühen Karls das Schreiben zu lernen zeichnete und reimte Wilhelm Busch, der auch die „Geschichten von Max und Moritz" erfunden hat, am Anfang einer längeren Bildgeschichte:

Karolus Magnus kroch ins Bett, Weil er sehr gern geschlafen hätt.

Die Nacht ist lang, das Bein tut weh; Karolus übt das ABC.

Jedoch vom Sachsenkriege her Plagt ihn sein Rheumatismus sehr.

„Autsch, autsch!" Da reißt's ihn aber wieder; Karolus wirft die Tafel nieder.

Aufgabe 3: *Ob du gleich so gut bist wie Wilhelm Busch, ist fraglich, aber starte mal einen Versuch. Überlege, was du über Karl den Großen berichten kannst. Vier Dinge fallen dir bestimmt ein:*

1 ______________________ 3 ______________________

2 ______________________ 4 ______________________

Versuche dich bei einer Geschichte in Reimen oder zeichne dazu Bilder. Wenn du Busch nacheifern willst, verbinde Reime und Bilder.

Das Königreich der Franken – Schlagzeilen aus 500 Jahren

Zeitungen gab es im Frankenreich noch nicht. Wäre so etwas wie ein „Fränkisches Wochenblatt" oder eine „Frankenzeitung" schon möglich gewesen, hätten sich die Zeitungsmacher vielleicht solche Schlagzeilen ausgedacht:

◯ **KEIN JAHR OHNE FELDZUG GEGEN DIE SACHSEN**

◯ **CHLODWIG JETZT EINZIGER FRÄNKISCHER KÖNIG**

◯ **KAISERTITEL AUS AACHEN, NICHT AUS ROM**

◯ **BOTE DES KÖNIGS – EIN NEUES AMT?**

◯ **EIN MÄCHTIGES FRANKENREICH – DAS WAR EINMAL!**

◯ **AUFRUHR IN ROM – TREFFEN IN PADERBORN**

◯ **IN ROM FROHE WEIHNACHTEN FÜR KARL**

◯ **ERST HAUSMAIER, JETZT HERRSCHER**

Aufgabe 1: *Über welche Ereignisse wäre unter diesen Schlagzeilen zu berichten gewesen? Schreibe deine Antworten unter die jeweiligen Schlagzeilen.*

Aufgabe 2: *Ordne die Ereignisse, über die berichtet wird, zeitlich. Versehe sie mit den Ziffern 1 bis 8. Trage in dieser Reihenfolge die jeweils hervorgehobenen Buchstaben unten ein:*

Die Lösung ist richtig, wenn hier der Name eines der Völker steht, die im 9. Jahrhundert in das Frankenreich einfielen.

Aufgabe 3: *Im Frankenreich ist in den 500 Jahren viel mehr passiert. Suche dir eine Partnerin oder einen Partner. Denkt euch weitere Schlagzeilen aus, jeweils der andere muss erkennen, über welchem Ereignis sie stehen könnten.*

Es entsteht ein neues Reich – Heinrich I. und Otto I.

Am Anfang des Weges stehen eigentlich nur bedrohliche Meldungen. Innerhalb von nicht einmal 30 Jahren nach den Tod Karls des Großen war das Frankenreich zerfallen. Die geschwächten Teilreiche konnten sich der Angriffe von außen nicht erwehren. Es sah nicht gut aus im Gebiet des einst so mächtigen Frankenreichs.

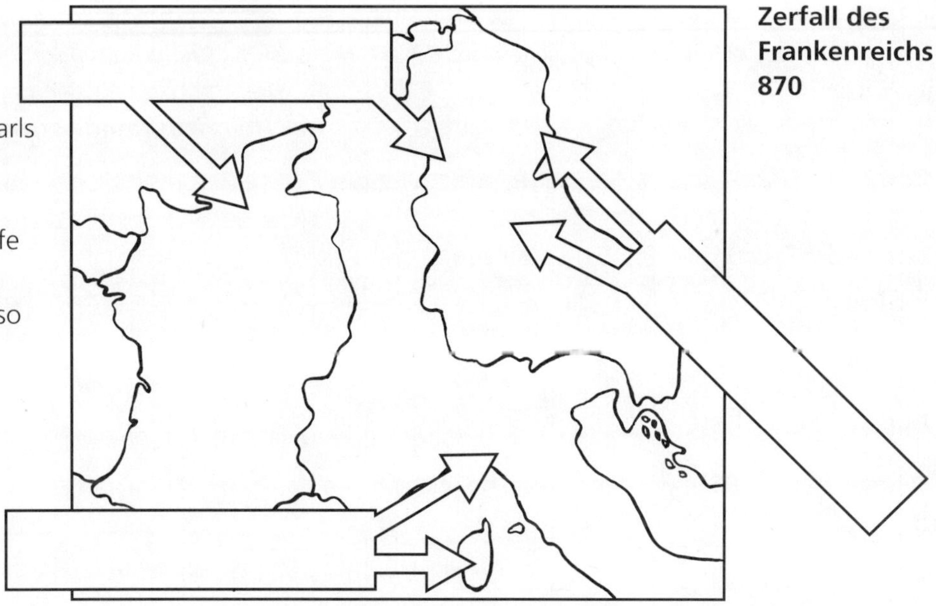

Zerfall des Frankenreichs 870

Aufgabe 1: *Umrahme und benenne das Teilreich, aus dem später das Reich Heinrichs und Ottos hervorgehen wird. Beschrifte die Pfeile.*

Aufgabe 2: *Wie konnten Heinrich I. und Otto I. ein festes Reich schaffen? Ergänze in der Übersicht.*

Die wichtigsten Aufgaben der neuen Könige

Einfälle der Ungarn unterbinden	**Mit oder gegen Stammesherzöge das Reich festigen**
Heinrich I.	
____________________	Regierung mit den Stammesherzögen als „Erster unter Gleichen"
____________________	
____________________	
Otto I.	
955: Endgültiger Sieg über die Ungarn	____________________

Wer setzt die Bischöfe ein? – Ein Streitpunkt zwischen König und Papst

Der Papst Gregor VII. ließ 1075 in knappen Sätzen aufschreiben, was er für sein päpstliches Recht hielt. Hier einiges davon:

- Die römische Kirche ist allein vom Herrn gegründet.
- Nur er (der Papst) kann Bischöfe absetzen oder begnadigen.
- Der Papst kann Abwesende absetzen.
- Nur er kann die kaiserlichen Insignien führen.
- Nur des Papstes Füße werden von allen Fürsten geküsst.
- Ihm steht es zu, Kaiser abzusetzen.
- Sein Urteil darf von niemandem widerrufen werden und nur er selbst kann es widerrufen.
- Er darf von niemandem gerichtet werden.
- Er kann die Untertanen aus der Treubindung an ungerechte Herren lösen.

Aufgabe 1: *Was wird Heinrich IV. von diesen Ansprüchen gehalten haben? Schreibe in seinem Namen Randnotizen zu den päpstlichen Aussagen.*

Heinrichs Randnotizen:

____

____

____

____

____

____

____

____

____

Was sich in den Jahren seit 1073 im Streit zwischen Heinrich IV. und Gregor VII. ereignete, ist schwer zu überblicken. Wenn dann auch noch Abschnitte eines Berichtes über diese Zeit durcheinander geraten sind!

Aufgabe 2: *Ordne die Abschnitte nach dem zeitlichen Ablauf des Geschehens. Setze zu den Buchstaben von den Abschnitten die Zahlen 1 bis 10.*

(V) Heinrich beruft eine Reichsversammlung nach Worms ein, die den Papst für abgesetzt erklärt. „Steige herab, der du in Ewigkeit verdammt bist", ist die Aufforderung an Gregor VII.

(S) Für die Fürsten im Reich ist der Bann eine Gelegenheit den König unter Druck zu setzen. Sie drohen mit der Wahl eines Gegenkönigs für den Fall, dass er nicht innerhalb eines Jahres die Auflösung des Banns erreicht.

(I) Seit der Zeit Ottos I. war es üblich, dass Bischöfe und Äbte vom Kaiser als Fürsten des Reiches eingesetzt wurden. Kirchliche Ämter waren z. T. sogar käuflich.

(T) Heinrich IV. bricht sofort nach Italien auf um vom Papst den Freispruch vom Bann zu erreichen.

(U) Gregor bannt Heinrich nochmals, die Fürsten wählen einen Gegenkönig. Heinrich muss dem Papst Rechte bei der Einsetzung von Bischöfen zugestehen.

(I) Der überraschte Papst, der sich zu den rebellierenden Fürsten des deutschen Reiches auf den Weg gemacht hat, muss nach drei Tagen, in denen Heinrich IV. untertänig auf sein erlösendes Wort wartet, den Bann aufheben.

(E) Die Antwort des Papstes erfolgt umgehend. Er verkündet den Bann über Heinrich. Damit ist der König aus der Kirche ausgeschlossen, alle ihm geleisteten Eide sind ungültig.

(T) Heinrich hat durch sein schnelles Handeln erreicht, dass aus dem geplanten Zusammenschluss der Reichsfürsten mit dem Papst, der sich gegen Heinrich richten sollte, nichts wird.

(R) Papst Gregor verliert sein Amt. Heinrich lässt sich vom Gegenpapst zum Kaiser krönen. Über die Einsetzung der Bischöfe können erst die Nachfolger der beiden eine Übereinkunft im „Wormser Konkordat" treffen.

(N) Als Gregor 1073 Papst wird, setzt er Bischöfe ab, die von Heinrich IV. eingesetzt worden sind. Er droht Heinrich, wenn er weiterhin Bischöfe einsetzen würde, mit dem Kirchenbann.

Aufgabe 3: *Zu einem so umfangreichen Text gehört eigentlich eine Abbildung. Wie wäre es mit dieser aus dem 13. Jahrhundert? Schreibe dazu, was deiner Meinung nach zu ihr ergänzt werden müsste, damit sie zum Text passt.*

Aufgabe 4: *Ordne die Buchstaben, die vor den Abschnitten stehen, nach der gefundenen zeitlichen Reihenfolge und trage sie hier ein. Sie ergeben, wenn du richtig geordnet hast, einen anderen Begriff für die feierliche Einsetzung von Bischöfen in ihr Amt.*

Aufgabe 5: *Der Bischof - das Streitobjekt zwischen König und Papst - hält zwei Zeichen seines Amtes in den Händen. Bezeichne und erkläre sie.*

Woran man einen Kaiser erkennt

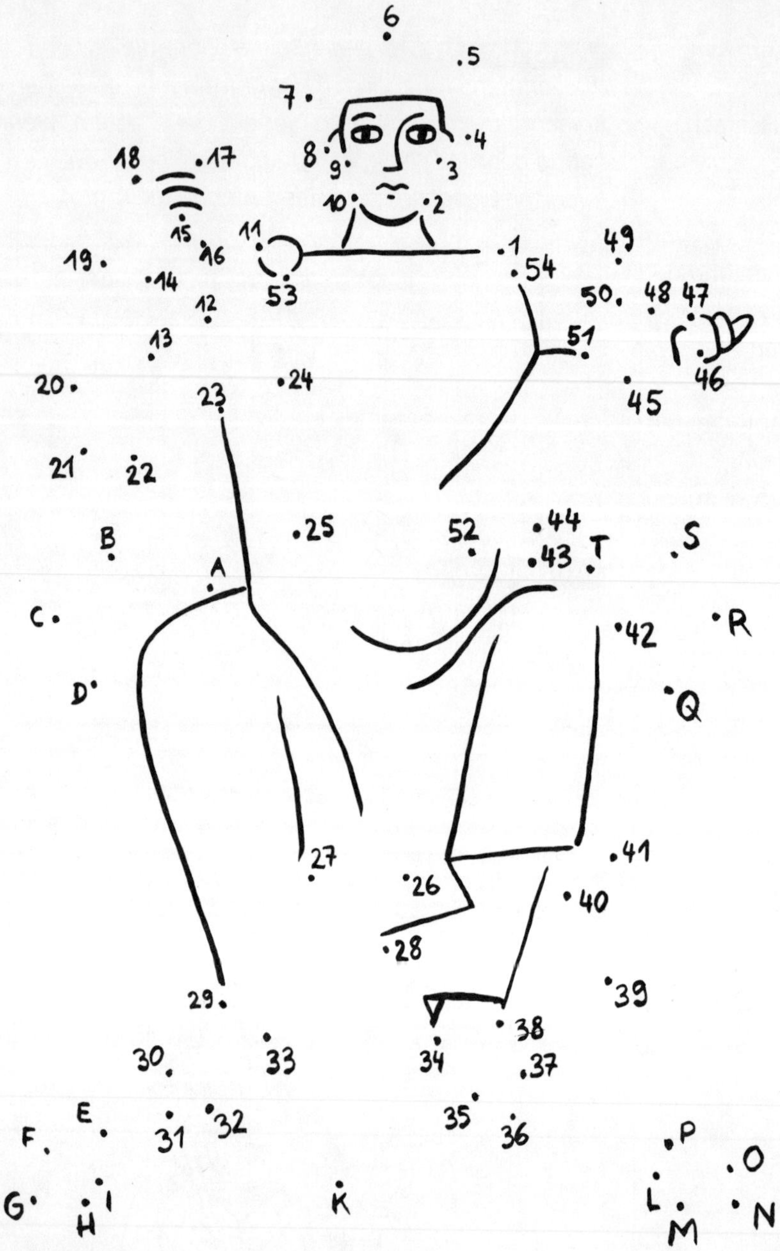

Aufgabe 1: *Damit mehr als ein Gesicht zu erkennen ist, verbinde die Zahlen und dann die Buchstaben. Male die Figur farbig aus.*

Aufgabe 2: *Aber für einen Kaiser reicht das noch nicht! Ihm fehlen weitere Kennzeichen seiner Macht. Schneide sie aus, ordne sie der Abbildung zu und benenne sie.*

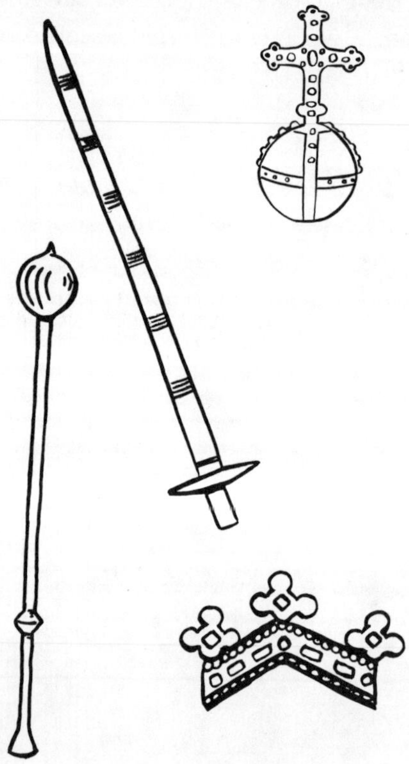

Aufgabe 3: *Was bedeuten jeweils die Kennzeichen, die man Reichsinsignien nennt? Ordne sie den folgenden Beschreibungen zu.*

	Zeichen für die Macht Frieden zu erhalten und Feinde zu vertreiben, für den obersten Heerführer
	Zeichen für den obersten Richter des Reiches
	Zeichen für die christliche Herrschaft in der Welt
Krone	

Nachrichten über das frühere Mittelalter – Was stimmt hier, was nicht?

Aufgabe 1: *Lies die Sätze aufmerksam. Kreuze die Aussagen an, die richtig sind. Stelle die vorangestellten Buchstaben zusammen, sie ergeben eine Information.*

Aufgabe 2: *Korrigiere die restlichen Aussagen. Auch die Buchstaben, die vor den Sätzen stehen, die du berichtigen musst, ergeben eine Nachricht.*

(IS) In Klöstern haben viele Errungenschaften der römischen Kultur den Untergang des römischen Reiches überlebt.

(FE) Wie andere slawische Völker siedelten die Franken zur Zeit des Zerfalls des oströmischen Reiches in Spanien.

(HL) Wenn es die Ernte erforderte, arbeiteten die freien Bauern an den Sonntagen auf den Feldern ihrer Grundherren.

(TR) Freie fränkische Bauern waren zum Kriegsdienst im Heer ihres Königs verpflichtet.

(ER) Adlige erhielten vom Herrscher für geleistete Dienste Land als Allod geliehen.

(RA) Karl der Große wurde im Jahr 800 vom Papst in Aachen zum Kaiser gekrönt.

(IC) Gegen die Einfälle der Ungarn waren die Panzerreiter, die Heinrich I. und sein Sohn in Dienst stellten, eine sehr wirksame Waffe.

(HT) Von Magdeburg aus führte Otto I. Eroberungszüge gegen die östlich lebenden Slawen, die sich gegen die Christianisierung wehrten.

(US) Der Institutionenstreit zwischen König Heinrich IV. und Papst Gregor VII. entzündete sich an der Frage, wer über die Einsetzung von Markgrafen bestimmen dürfe.

(IG) Mit den Festlegungen im Wormser Konkordat hat sich nach fast 50 Jahren Streit zwischen Kaiser und Papst die Kirche durchsetzen können.

Da staunt der König nicht schlecht, als er dieses Dorf in seinem Reich entdeckt. „Da stimmt was nicht," scheint er seinen Begleitern zu sagen.

Aufgabe 3: *Kreise mit einem farbigen Stift die Dinge ein, die nicht in ein Dorf des frühen Mittelalters gehören.*

Aufgabe 4 *Nummeriere die Fehlerstellen und trage ein, was jeweils falsch ist.*

1. ______________________________

2. ______________________________

3. ______________________________

4. ______________________________

5. ______________________________

Die Ritter – Gut gerüstet

Das Bild mit dem heftig tobenden Schwertkampf zweier Ritterpaare zeigt in großer Genauigkeit Bewaffnung, Rüstung und Kampfesweise von Rittern im 12. Jahrhundert. Durch die beiden kleineren Bilder erhältst du weitere Hinweise über die übliche Ausrüstung.

Aufgabe 1: *Benenne die Ausrüstungsteile eines Ritters an den Abbildungen auf dieser Seite.*

Oberkörper eines Ritters vom Ende des 12. Jahrhunderts (links). Du siehst, nur die Augen sind noch frei. Über der rechten Schulter hängt der Lederriemen für den Schild.

Reiter aus dem 13. Jahrhundert (rechts).

Aufgabe 2: *Prüfe, ob dieser Ritter auch wirklich gut ausgerüstet ist. Vervollständige die Ausrüstung auf der Zeichnung. Gestalte farbig und benenne die ergänzten Ausrüstungsteile.*

Aufgabe 3: *Der Maler des Bildes, auf dem die beiden Ritterpaare kämpfen (S.36 oben), hat symbolisch den Kampf zwischen ritterlichen Tugenden und Lastern darstellen wollen. Die Tugend hat in beiden Paaren das Laster, das am Kopf bzw. am Oberkörper getroffen ist, schon fast besiegt.*
Was gehörte für die Ritter jeweils zu Tugend und Laster? Ergänze in der Tabelle.

Ritterliche Tugenden	***Von Rittern zu bekämpfen***
Ta_ _e_ _ eit	*Fei_ _ _ _ t*
T_ _ _ e	*V_ _ r_ _*
Hö_ l _ch_ _ _ t	*R_ u _ lust*
G_re_ _ _ ig_ _ _t	*Hi_ _ _rli _ _*
F_ _ _ ß	*Unt_ _ _ gkeit*

Die unvollendete Burg

Burgen sollten nicht nur stolz, schön oder prächtig wirken. Burgen waren Zweckbauten. Sie sollten den Bewohnern vor allem Schutz bieten vor Angreifern. Der Baumeister dieser Burg konnte sein Werk nicht vollenden. Überliefert ist nur die vorliegende Skizze.

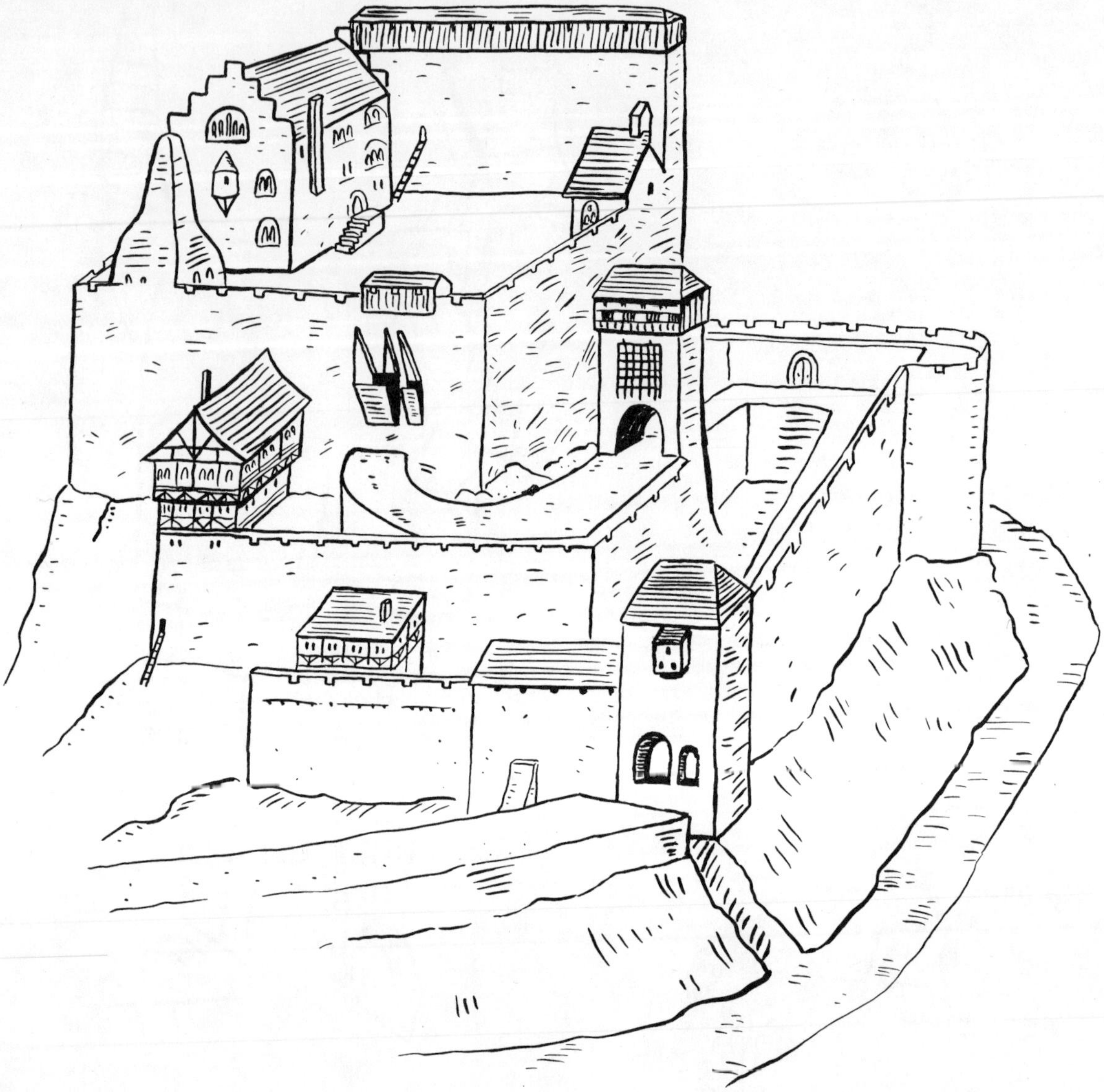

Der Auftrag des Königs an dich lautet nun: „Bau mir eine Burg, die niemand einnehmen kann!" Als Baumeister der Burg hast du bei der Planung eine Fülle von Erfahrungen zu berücksichtigen.

Aufgabe 1: *Beginne mit einer Bestandsaufnahme. Beschrifte die schon vorhandenen Teile der Burg, indem du die Teile nummerierst und unten neben die jeweilige Nummer die Bezeichnung schreibst.*

1. ______________________
2. ______________________
3. ______________________
4. ______________________
5. ______________________
6. ______________________
7. ______________________
8. ______________________

Aufgabe 2: *Überlege nun, was Angreifer unternehmen könnten um die Burg zu erobern. Ergänze dazu die Tabelle.*

Angreifer einer Burg

Maßnahme	**Aussehen**	**Funktion**

	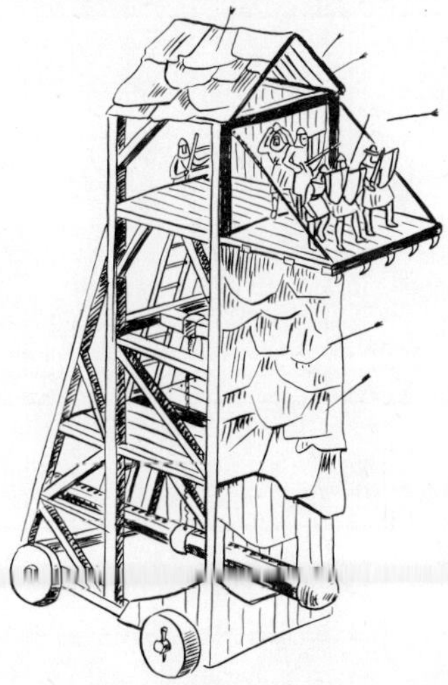	
Balliste	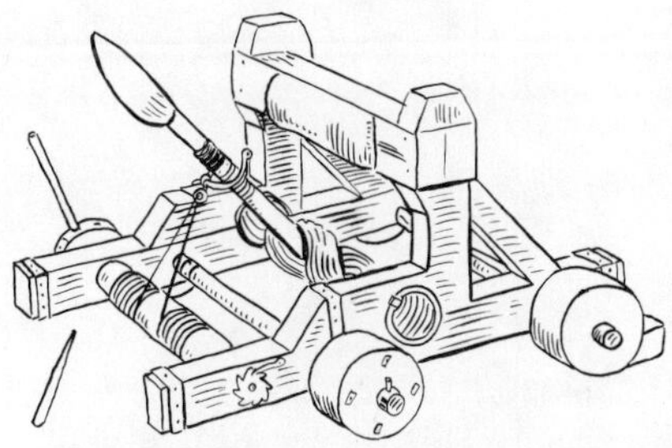	
unterirdischer Kampfgang/ Minen		

Aufgabe 3: *Welche Möglichkeiten hatten die Verteidiger der Burg sich zu schützen? Ergänze in der Tabelle.*

Verteidiger einer Burg

Maßnahme	Aussehen	Funktion
Burgtor mit Eisenbeschlägen und Zugbrücke		
Pechnase		

	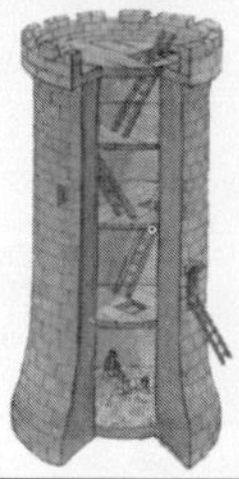	

Aufgabe 4: *Die Planung ist beendet, jetzt vollende die „uneinnehmbare Burg". Nutze dazu die Teile von Seite 61, eventuell auch zusätzlich selbst ergänzte Bauteile.*

Aufruf zum Heiligen Krieg, die Kreuzzüge beginnen

Im Jahre 1095 hielt Papst Urban II. eine Predigt, die für die Geschichte der Kreuzzüge sehr wichtig ist. Ein Mönch, der die Predigt selbst gehört hatte, schrieb sie 12 Jahre später auf.

Aufgabe 1: *Untersuche die Predigt auf ihren Inhalt hin genauer. Schreibe dazu in die rechte Spalte die jeweiligen Aussagen mit eigenen Worten. Unterstreiche dabei auch die Wörter bzw. Wortgruppen in der Rede des Papstes, die für deine Formulierung den Ausschlag gaben.*

Was wird gesagt?	Was ist gemeint?
„Ihr Volk der Franken, ... Aus dem Land Jerusalem und der Stadt Konstantinopel kam schlimme Nachricht ... *Das Volk im Perserreich, ein ganz gottfernes Volk, eine Brut von ziellosem Gemüt und ohne Vertrauen auf Gott, hat die Länder der dortigen Christen besetzt, durch Mord, Raub und Brand entvölkert und die Gefangenen teils in sein Land abgeführt, teils elend umgebracht; es hat die Kirchen Gottes gründlich zerstört ...*	Die Nachricht: ____________________ ____________________ ____________________ ____________________ ____________________
Wem anders obliegt nun die Aufgabe diese Schmach zu rächen, dieses Land zu befreien, als euch? Euch verlieh Gott mehr als den übrigen Völkern ausgezeichneten Waffenruhm, hohen Mut, körperliche Gewandtheit und die Kraft den Scheitel eurer Widersacher zu beugen. ... Besonders bewegen mögen euch das Heilige Grab unseres Herrn und Erlösers, das von unreinen Völkern besetzt ist, und die heiligen Stätten, die jetzt ohne Ehrfurcht behandelt... werden. *Ihr überaus tapferen Ritter, ... bedenkt, was der Herr im Evangelium sagt: ... jeder, der sein Haus, Vater, Mutter, Gemahlin, Kinder oder Acker um meines Namens willen verlässt, wird Hundertfältiges erhalten und ewiges Leben haben.*	Die Aufgaben: ____________________ ____________________ ____________________ ____________________ ____________________
Kein Besitz, keine Haussorge soll euch fesseln. Denn dieses Land, in dem ihr wohnt, ist allenthalben von Meeren und Gebirgszügen umschlossen und von euch beängstigend dicht bevölkert. ... Daher kommt es, dass ihr euch gegenseitig beißt und bekämpft, ... Tretet den Weg zum Heiligen Grab an, nehmt das Land dort dem gottlosen Volk, macht es euch untertan! *Gott gab dieses Land in den Besitz der Söhne Israels; die Bibel sagt, dass dort Milch und Honig fließen: Jerusalem ist der Mittelpunkt der Erde, das fruchtbarste aller Länder, als wäre es ein zweites Paradies der Wonne. Diese Königsstadt also, in der Erdmitte gelegen, ... erbittet und ersehnt Befreiung, sie erfleht unablässig eure Hilfe. ...* *Schlagt also diesen Weg ein zur Vergebung eurer Sünden; nie verwelkender Ruhm ist euch im Himmelreich gewiss.“*	Die Versprechen: ____________________ ____________________ ____________________ ____________________ ____________________ ____________________

Aufgabe 2: *Fasse zusammen: Welche Gründe für den Kreuzzug werden vom Papst genannt?*

____

____

____

Aufgabe 3: *Was konnte wohl einen jungen Ritter dazu bewegen, ein Kreuzritter zu werden?*

____

____

____

Das Königsspiel – Schach

Im Gefolge der Kreuzzüge breitete sich im 12. Jahrhundert das Schachspiel aus dem Orient über Spanien und Italien nach Nordeuropa aus. Seit dieser Zeit zählt Schachspielen zu den ritterlichen Künsten. Der Name des Spiels leitet sich her von der persischen Bezeichnung für König (Schah).

Aufgabe 1: *Kennst du die Namen der heute üblichen Spielfiguren? Schreibe sie auf.*

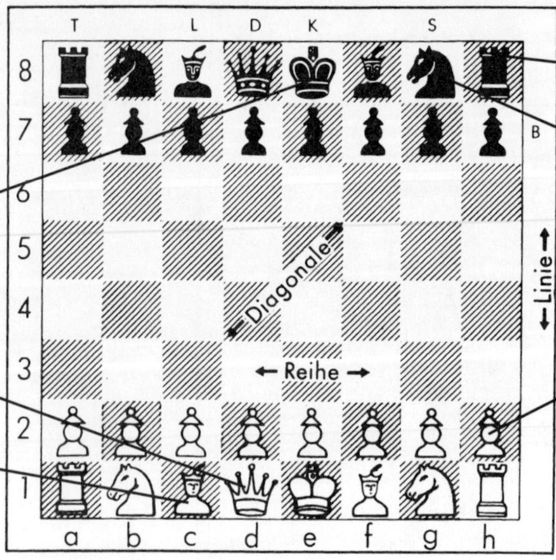

Aufgabe 2: *Über 800 Jahre alt sind diese Schachfiguren, die auf der schottischen Insel Lewis gefunden wurden. Welche Spielfiguren erkennst du? Schreibe ihre Namen auf die Linien unter der Abbildung!*

Aufgabe 3: *Wissenschaftler meinen, die gefundenen Schachfiguren geben gleichzeitig ein Abbild der mittelalterlichen Stände wieder. Welche Personen aus der mittelalterlichen Gesellschaft kannst du entdecken? Schreibe ihre Namen in die jeweiligen Kästchen unter der Abbildung!*

Kein Wappen? Dann gibt es dich für mich nicht!

Löwe

Nesselblatt

Wappen entstanden vermutlich in der Zeit der Kreuzzüge, als Ritter aus ganz Europa zum Heiligen Land strebten. Nur so war man in der Lage in den Heeren Freund oder Feind und die jeweilige Herkunft des Ritters zu erkennen. Es bildete sich der Brauch vor allem den Kampfschild oder die Pferdedecke mit farbigen Mustern zu versehen.

Dabei folgte man bestimmten Regeln:

Pelikan

Barben

Die Schilde wurden in farbige Felder aufgeteilt und mit farbigen Mustern oder Figuren bemalt.
Bei den Farben unterschied man Metalle (Gold und Silber, oft als gelb und weiß dargestellt) von echten Farben (rot, blau, grün, schwarz). Metall und Farbe mussten immer abwechselnd verwendet werden. Ein roter Adler durfte auf weißem (silbrigem), aber nicht auf blauem Grund stehen. Farben und Symbole spielten auf den eigenen Namen oder wichtige Ereignisse an.
Über das Wappen unehelicher Nachkommen wurde ein deutlich erkennbarer Schrägstrich gelegt - der „Bastardfaden".
Allmählich entwickelten sich die Wappen zu Standes- und Familienzeichen.

Klauenflügel

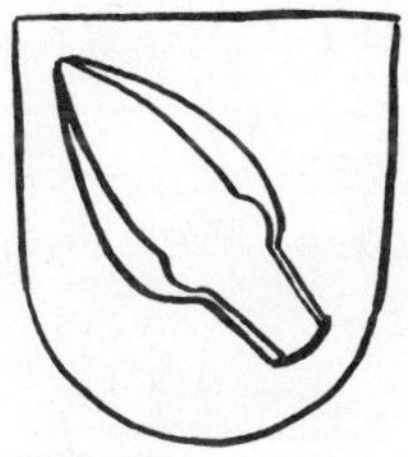

Pflugschar

Zur Bedeutung der Wappen auf dieser Seite:

Der Löwe verkörpert Mut und Tapferkeit.
Der Pelikan steht für Opferbereitschaft. Der Legende nach nährt er die Jungen mit seinem Blut.
Merletten (entenartige Vögel ohne Füße) durften Ritter tragen, die während der Kreuzzüge verletzt worden waren.
Der Klauenflügel mit Schwert ist ein typisches Rittersymbol (Klaue: Kralle des Raubvogels).
Das Nesselblatt entstand vermutlich aus einem (vom vielen Kämpfen) gezackten Schildrand.
Barben (Karpfenfische) und Pflugschar z. B. sind „redende Wappen".
Sie gehören den Familien Barby und Pflugk.

Merletten

Roch

Aufgabe 1: *Gestalte das untenstehende Wappen farbig. Beachte dabei die Regeln.*

Aufgabe 2: *Welche Erklärung findest du für das links abgebildete Wappen? Ergänze im Text.*

Das Wappen gehört zu den ____________________ Wappen.

Im Mittelpunkt ist ein ______________________________ abgebildet.

Das kann auf Namen wie ______________________________ hinweisen.

Aufgabe 3: *Versuche nun dein eigenes Familienwappen zu zeichnen! Befrage auch deine Familie über wichtige Ereignisse! Beachte die Regeln und erkläre deine Zeichnung!*

Die deutsche Bevölkerung um das Jahr 1250

Deutschland war um 1250 dünn besiedelt. Maximal 12 Millionen Menschen lebten innerhalb der heutigen Grenzen. Heute sind es ca. 80 Millionen. Wer gehörte alles zur Bevölkerung des Landes?

Aufgabe 1: *Ergänze im Text.*

Kaiser und König

Der Kaiser war das Oberhaupt des Reiches. Er galt zugleich als Schirmherr der Christenheit. Er empfing die Kaiserwürde mit der Salbung und K ____________ durch den P________. Dieses Amt war nicht erblich. Der König wurde seit _______ von den sieben K ____________ gewählt.

Fürsten

Es gab w___________ und g___________ Fürsten. Zu ihnen gehörten etwa 20 Herzöge und Grafen sowie etwa 50 Erzbischöfe, Bischöfe und Äbte. Die Fürsten erhielten ihr Land vom König als L__________ Sie galten damit als K____________ . Sie waren dem König zu T__________ verpflichtet.

Geistliche

Zu den Weltgeistlichen zählten die geistlichen Fürsten sowie die Pfarrer an den Kirchen der Städte und Dörfer.
Zu den Ordensgeistlichen zählte man die M___________ und Laienbrüder. Sie lebten in K ______________ . Ihre Zahl wird auf ca. 20 000 Menschen geschätzt.

Ritter

Ritter leisteten in erster Linie Kriegsdienste. Ritter konnten A _________ sein oder M____________ , die als unfreie Dienstleute einem Fürsten dienten. Für das Jahr 1250 nimmt man eine Zahl von ca. 10 000 Burgen an. Die dort jeweils lebenden Familiengemeinschaften schätzt man auf durchschnittlich 15 Personen.

Stadtbevölkerung

Sie lebte um 1250 in ca. 1 000 Städten. Großstädte mit mehr als 1 0000 Einwohnern gab es ein Dutzend. Insgesamt machte die städtische Bevölkerung ca. 8 Prozent der Gesamtbevölkerung aus. Die meisten waren H_________________ .
Eine Sonderstellung nahmen die Randgruppen ein. Zu ihnen gehörten die J____________ , aber auch die Angehörigen verachteter Berufe wie z. B. H_______________ und T__________________ .

Bauern

Etwa 90 % der Bevölkerung lebten in bäuerlichen Verhältnissen. Der größte Teil waren Leibeigene und Hörige, die sich unter den Schutz eines G_________________ begeben hatten und dafür F_____________ und A_________________ leisten mussten.

Aufgabe 2: *Entnimm bzw. berechne die Größe der einzelnen Bevölkerungsgruppen aus den Angaben im Text. Trage anschließend das Ergebnis in das Säulendiagramm ein. Berücksichtige dabei als Bevölkerungsgruppen:*

Gruppe	***Anzahl***
Fürsten (F)	____________
Ordensgeistliche (G)	____________
Ritter (R)	____________
Stadtbewohner (S)	____________
Bauern (B)	____________

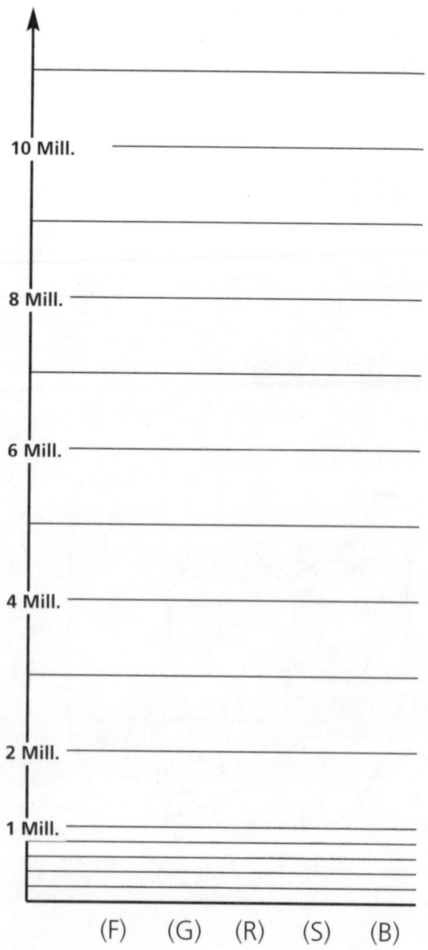

Barbarossa und Heinrich der Löwe

Aufgabe 1: *Die beiden großen Fürsten waren miteinander verwandt. Sieh dir die Übersicht genau an und benenne das Verwandtschaftsverhältnis!*

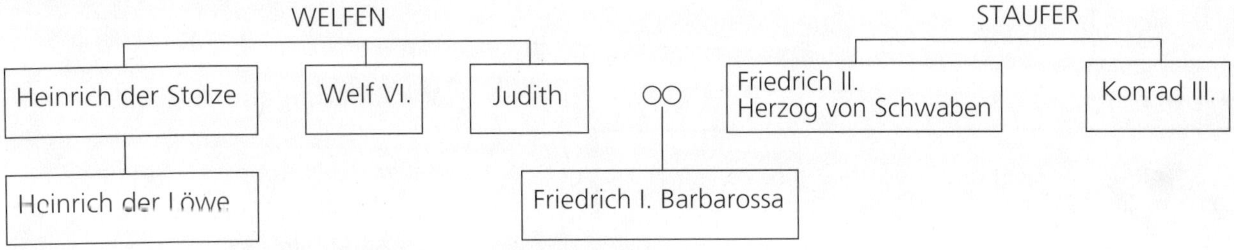

Heinrich der Löwe  und  Friedrich I. Barbarossa waren ____________________

Begründung: ____________________

Politisch gesehen waren sie: ____________________ und ____________________

Aufgabe 2: *Eine Geste mit den gleichen Personen. Die Ereignisse und der Anlass sind unterschiedlich. Vervollständige die Bildunterschriften.*

Ereignis: ____________________

____

____

Ereignis: ____________________

____

____

Mehr Nahrung – Mehr Menschen?

Jene Menschen, die im 12. Jahrhundert ihre angestammten Siedlungsgebiete verließen, nahmen auch ihr Wissen über Veränderungen in der Landwirtschaft in das neue Gebiet mit. Diese Neuerungen nehmen wir heute meistens als Selbstverständlichkeiten hin. Ihre Wirkung übertraf aber manche komplizierte Erfindung späterer Zeiten. Warum, das sollst du herausfinden.

Bauer, Pflug, Zugtier

Veränderungen

Bauer mit Hakenpflug. Der hölzerne Haken reißt die Erde nur auf. Das Gerät wird von zwei Ochsen gezogen. Die Anspannung besteht aus einem Joch, das den Ochsen quer an den Hörnern angebracht wird. Daran wird dann die Deichsel des Pfluges befestigt.

Aufgabe 1: *Kennzeichne in den folgenden Abbildungen die Stellen farbig, bei denen du Veränderungen feststellen kannst! Achte dabei auf die benutzten Geräte, die Tiere und ihre Anspannung!*

Aufgabe 2: *Beschreibe die Veränderungen, die du in den Abbildungen gekennzeichnet hast (a). Nenne auch Auswirkungen (b).*

(a) ______________________

____

____

(b) ______________________

____

____

(a) ______________________

____

____

(b) ______________________

____

____

Dreifelderwirtschaft –
Eine neue Anbaumethode

Aufgabe 3: *Was ändert sich mit dem Übergang von der Zwei- zur Dreifelderwirtschaft? Kennzeichne die in jedem Jahr genutzte Anbaufläche bei den beiden Anbauformen farbig und formuliere die entscheidende Veränderung.*

Zweifelderwirtschaft

1. Jahr

2. Jahr

3. Jahr

Dreifelderwirtschaft

1. Jahr

2. Jahr

3. Jahr

Veränderung: ______________________________

Bevölkerung Europas

Aufgabe 4: *Für die Zeit von 500 Jahren, in denen sich die Landwirtschaft deutlich veränderte, gibt es Schätzungen darüber, wie viele Menschen in Europa lebten. Übertrage die Zahlen der Schätzungen in ein Kurvendiagramm. Welche Veränderung stellst du fest?*

Bevölkerungszahlen (Schätzung in Millionen)

Jahr:	700	1000	1150	1200	1300
Zahlen:	27	42	50	61	73

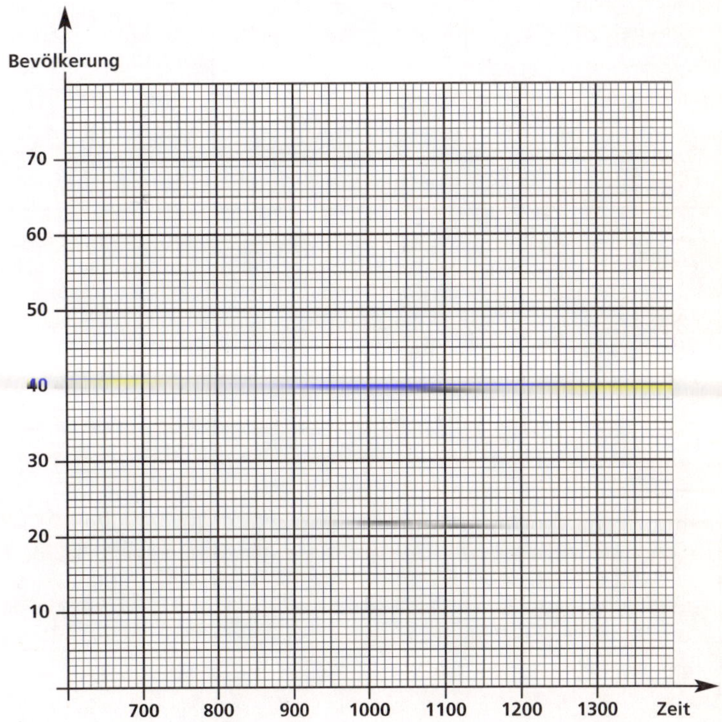

Ursache und Wirkung

Aufgabe 5: *Noch streiten sich Wissenschaftler. Wuchs zuerst die Bevölkerung, sodass die Menschen gezwungen waren neue Landbautechniken zu entwickeln? Oder kamen zuerst diese Techniken auf, durch die die Menschen sich besser ernähren konnten, Kranke nicht so oft starben und Kleinkinder länger am Leben blieben? Welche Antwort findest du?*

____

____

____

Die Stadt – Enge und Vielfalt

Aufgabe 1: *Sind die Aussagen richtig oder falsch? Kreuze im jeweiligen Kästchen die entsprechende Ziffer an. Schneide den Bildausschnitt mit dieser Nummer aus und lege ihn auf das Kästchen. Wenn sich am Schluss kein „richtiges" Bild ergibt, musst du deine Antworten noch einmal prüfen.*
Entscheide vor dem Schneiden, ob du auf der Rückseite auch arbeiten willst. Du müsstest dann die Seite kopieren.

Wenn es in der Stadt zu eng wurde, riss man Teile der Mauern ab und hatte so mehr Platz zum Bauen Stimmt: 3 ☐ Stimmt nicht: 7 ☐	„Straßenmeister" kontrollierten streng, dass die Kanalisation und die Beleuchtung funktionierten. Stimmt: 12 ☐ Stimmt nicht: 3 ☐	Stadt durfte sich eine Ansiedlung nennen, wenn sie mehr als 100 Wohnhäuser hatte. Stimmt: 1 ☐ Stimmt nicht: 4 ☐
Wie Handwerker gehörten auch Universitätslehrer und Studenten zu den wichtigen Bewohnern größerer Städte. Stimmt: 1 ☐ Stimmt nicht: 4 ☐	Kaufleute durften nur Markt abhalten, wenn der Ort vom König das Marktrecht erhalten hatte. Stimmt: 9 ☐ Stimmt nicht: 7 ☐	Kaufleute, die Fernhandel trieben, hatten oft in mehreren Städten Niederlassungen. Stimmt: 12 ☐ Stimmt nicht: 9 ☐
Viele Städte hatten neben dem Hauptmarkt weitere kleine für ganz bestimmte Waren. Stimmt: 2 ☐ Stimmt nicht: 10 ☐	Bürger der Städte waren sehr froh, wenn in ihrer Stadt Beginen im Handwerk arbeiteten. Stimmt: 6 ☐ Stimmt nicht: 5 ☐	Im Gewimmel des Marktes waren von der Kleidung her Handwerksfrauen kaum von Frauen der Stadträte zu unterscheiden. Stimmt: 2 ☐ Stimmt nicht: 8 ☐
In den Städten gab es für den Nachwuchs von Handwerkern und Kaufleuten deutsche Schreibschulen. Stimmt: 11 ☐ Stimmt nicht: 8 ☐	Der Vorteil des Lebens in der Stadt war: Alle Stadtbewohner hatten gleiche Rechte. Stimmt: 11 ☐ Stimmt nicht: 6 ☐	Wer in der Stadt ein Handwerk ausüben wollte, konnte das nur mit der Erlaubnis der jeweiligen Zunft. Stimmt: 10 ☐ Stimmt nicht: 4 ☐

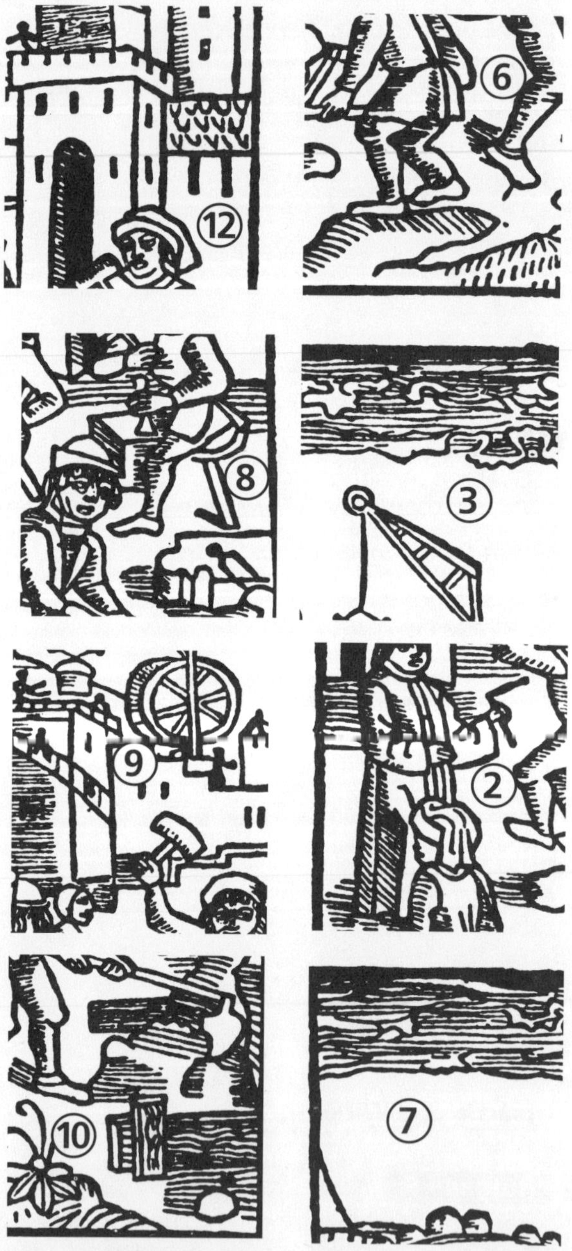

Aufgabe 2: *Auf der zusammengesetzten Abbildung kannst du verschiedene Tätigkeiten und Werkzeuge mittelalterlicher Bauleute sehen. Beschrifte sie.*

Kinderspiele

Das ist ein Bild, auf dem du bei genauem Hinsehen viel entdecken kannst. Um 1600 wurde dieses Bild des Malers Pieter Breughel (1525 - 1569), so beschrieben: „... een ander Stuck, van allerley spelen Kinderen".

Aufgabe 1: *Wie übersetzt du diesen Text? Schreibe auf.* ______________________________

Aufgabe 2: *Kreise mit einem auffälligen Stift auf dem Bild die jeweils miteinander spielenden Personengruppen ein.*

Aufgabe 3: *Nummeriere deine Kreise und trage in die Tabelle mit dieser Nummer den Namen des Spiels bzw. der Spielzeuge ein! Du kannst mehr als zehn Spiele finden.*

○ ______________________	○ ______________________
○ ______________________	○ ______________________
○ ______________________	○ ______________________
○ ______________________	○ ______________________
○ ______________________	○ ______________________

Mann, Frau, Kinder: Familie im Mittelalter

Über das Leben in „normalen" Familien ist wenig erhalten. Bilder von Familien gibt es selten und wenn, dann sind es die Familien reicher Kaufleute oder von Fürsten.

Aber manches kann man doch herausbekommen, z. B. aus diesem Holzschnitt aus der zweiten Hälfte des 15. Jahrhunderts. Er stellt eine Verlobung dar: Der prächtig gekleidete junge Mann hält den Ring in der Hand, den er dem nicht weniger geschmückten Mädchen anstecken will. Um dieses Paar hat der Künstler all das angeordnet, was seiner Meinung nach in den Haushalt einer jungen Familie gehört, damit sie nicht Mangel leidet, wie es im Bildtext heißt. Was sollte das sein?

Aufgabe 1: *Welche Gegenstände erkennst du auf 24 Bildern? Nicht jeder einzelne ist genau zu bestimmen. Aber auf jedem Bild gibt es mindestens einen, der dir bekannt sein müsste. Ordne zu, indem du die richtigen Ziffern in die Bilder schreibst.*

1. *Forke und Mistgabel*
2. *Besen und Hackmesser*
3. *Pferd im Stall*
4. *Spinngeräte*
5. *Blasebalg, Bratrost*
6. *Bett und Nachttopf*
7. *Tisch*
8. *Ofen, Handtuch*
9. *Eier, Käseschachtel*
10. *Sense, Harke*
11. *Glas, Becher, Kanne, Schüssel*
12. *Sporen, Mantel/Umhängetuch*
13. *Salzkasten und ein Krug*
14. *Säcke mit Vorräten*
15. *Schwerter, Streitaxt*
16. *Feuerholz, Feuerfächer*
17. *Fässer für Vorräte, Korb mit Gemüse*
18. *Handtuch, Bottich, Zange*
19. *Würste, verwahrt vor dem Hund*
20. *Zwiebeln und weiteres Gemüse*
21. *Kessel und Kellen*
22. *Teile einer Rüstung*
23. *Gefäße, Leuchter*
24. *Zwei Milchkannen*

Aufgabe 2: *Die vier Bilder links neben dem Mann und die vier rechts neben der Frau stellen die Dinge dar, die für den Mann bzw. die Frau besonders wichtig sein sollen. Trage sie in der folgenden Tabelle ein und füge hinzu, für welche Tätigkeiten sie Symbole sein könnten.*

Der Mann		**Die Frau**	
Gegenstände	*Tätigkeiten*	*Gegenstände*	*Tätigkeiten*
a)		*a)*	
b)		*b)*	
c)		*c)*	
d)		*d)*	

Aufgabe 3: *Vergleiche die Aufgaben, die nach der Vorstellung des Künstlers von Mann und Frau im Zusammenleben arbeitsteilig übernommen werden sollen. Beende die Sätze.*

Der Mann ist zuständig für ______________________

Die Frau ist zuständig für ______________________

Aufgabe 4: *Vergleiche die Hausgeräte im 15. Jahrhundert mit den heutigen.*
Welche Hausgeräte brauchte man damals wie auch heute? Kennzeichne diese in der Abbildung auf der linken Seite rot. Welche damals genutzten Geräte sind heute durch andere ersetzt? Kennzeichne sie in der Abbildung grün und schreibe die Namen der modernen Geräte in die Aufstellung unter der Abbildung (neben ihre „Vorgänger").
Welche Geräte, die im Haushalt deiner Familie sehr wichtig sind, fehlen im Holzschnitt? Schreibe die Namen von mindestens fünf solcher Geräte auf.

Aufgabe 5: *Wir wissen nicht, ob der Schöpfer des Holzschnittes rechts eine ganz bestimmte Familie darstellen wollte. Wir werfen einen Blick in das Zimmer einer - recht wohlhabenden -Kaufmannsfamilie. Was erfährst du über das Familienleben? Fülle die Tabelle aus.*

Wer ist dargestellt?	*Welche Tätigkeit ist zu erkennen?*	*Was wird wohl in der Familie von diesem Mitglied erwartet?*

Kleider machen Leute – Kleidung des Mittelalters

Auf dieser Seite sind jene Regeln versteckt, nach denen sich die Kleidung der Menschen im Mittelalter richtete. Es ist deine Aufgabe, diese herauszufinden und anzuwenden.

Aufgabe 1: *Welche Aufgabe hatten Kleiderregeln im Mittelalter vor allem? Dieser Satz gibt die Antwort. Übersetze ihn und schreibe auf.*

„Das niemand für den andern tratzt, man ordenet mit Gewant jeden Menschen nach sinem stand.“

____

Aufgabe 2: *Für die Figuren auf der rechten Seite findest du Kleider, Schuhe und Kopfbedeckungen auf der Seite 63. Damit aber die Figuren von dir wirklich ihrem Stand gemäße Kleidung erhalten, benutze die Informationen auf dieser Seite und Abbildungen aus deinem Geschichtsbuch.*

Aufgabe 3: *Gestalte die Abbildungen farbig. Beachte dabei die unterschiedlichen Materialien und die hier enthaltenen Hinweise zur farblichen Gestaltung der Kleidung.*

Aufgabe 4: *Worüber könnten sich die einzelnen Paare unterhalten haben? Entwirf „Sprechblasen“ für die Paare.*

Stadtrecht:
Aus Sorge vor Unruhen durch den zur Schau getragenen Luxus reicher Städtebürger erließen die Räte vieler Städte Kleiderordnungen. In Berlin heißt es im Jahre 1334 zur Kleidung der Frauen: „Erstlich wollen wir, dass keine Frau noch Jungfrau an Schmuckspangen oder an Geschmeide mehr an sich tragen soll als eine halbe Mark wiegen mag, ... Ferner soll keine Frau noch Jungfrau goldgestreifte Stoffe tragen oder goldenen Stoffschmuck ... „

Schuhmode:
Typisch war die lang nach oben gebogene Schuhspitze. Einfache Bürger durften sie um einen halben Fuß verlängert tragen. Für reiche Bürger galt eine Fußlänge. Die doppelte Fußlänge war dem Adel, Fürsten sogar die zweieinhalbe Fußlänge gestattet.

Farben:
Graue Kleidung galt als Kennzeichen für bescheidene Verhältnisse. Die Farbe Gelb an einem Kleidungsstück sollte Ausgestoßene oder unehrenhafte Personen kennzeichnen. Dazu gehörten Juden, Henker, Ketzer und Aussätzige. Die Farbe Rot war dem Adel vorbehalten. Vor allem Purpur galt als Zeichen von Macht.

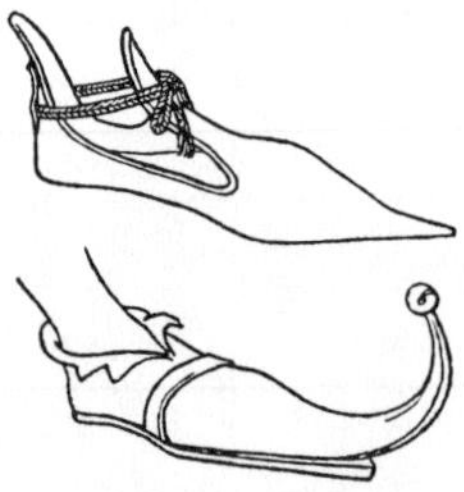

Würdenträger:
Bei Berufen wie Arzt, Professor, Richter, Theologe aber auch bei Amtspersonen der Städte z. B. dem Stadtrichter oder dem Stadtschreiber unterstreichen lange Gewänder die Würde und Bedeutung ihrer Tätigkeit.

Aufgabe 5: *Wonach richtete sich die Kleidung der Menschen im Mittelalter? Vier Gesichtspunkte könntest du finden.*

1. ______________________
2. ______________________
3. ______________________
4. ______________________

Aufgabe 6: *Als Redewendungen vielleicht auch von dir benutzt, was weißt du jetzt über ihre Ursprünge?*

„Kleider machen Leute“!	**„Auf großem Fuß leben“!**
______	______
______	______
______	______

Ritter

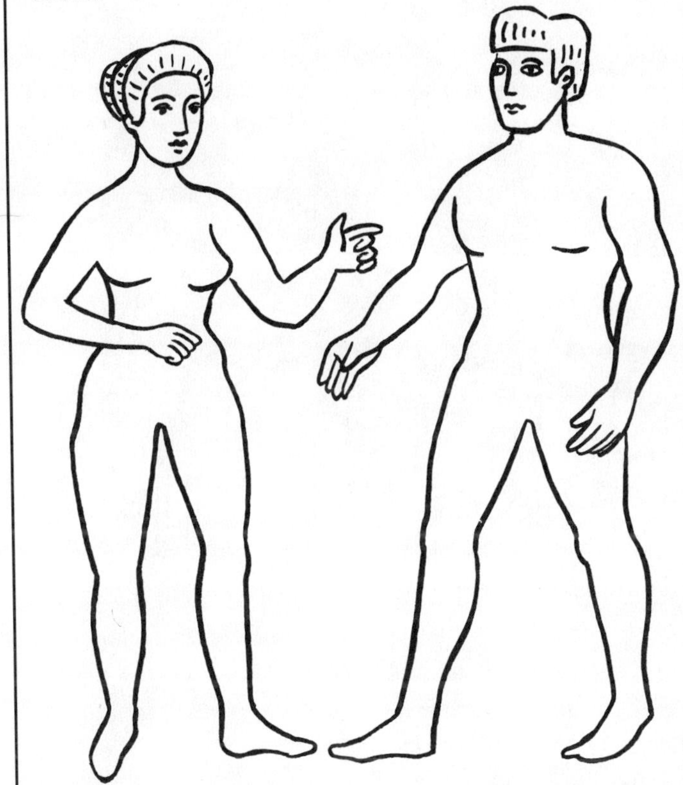

Patrizier

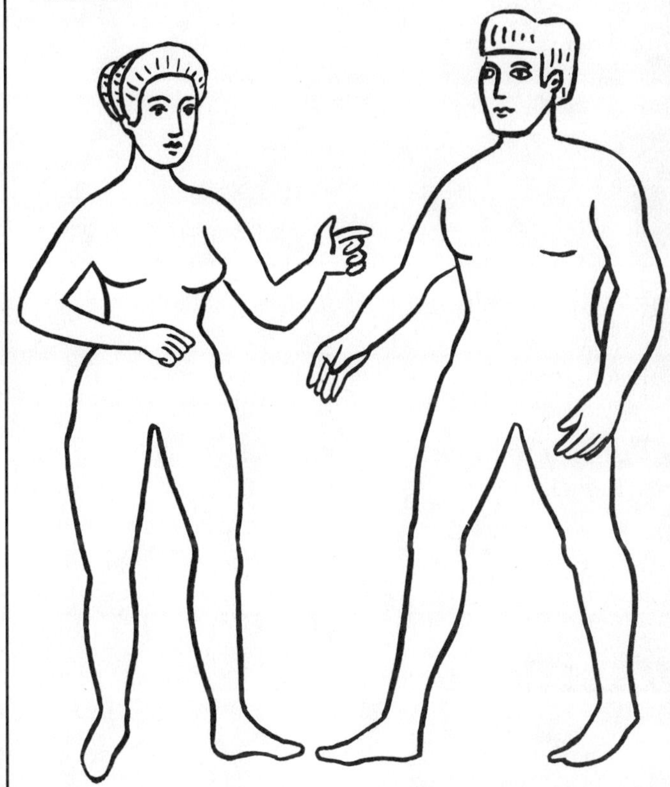

Bauern

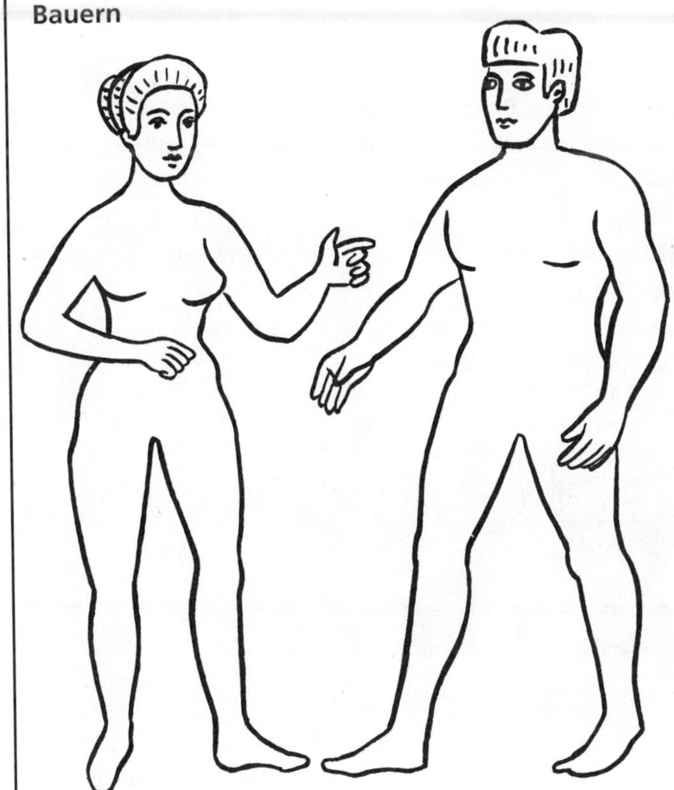

Handwerker

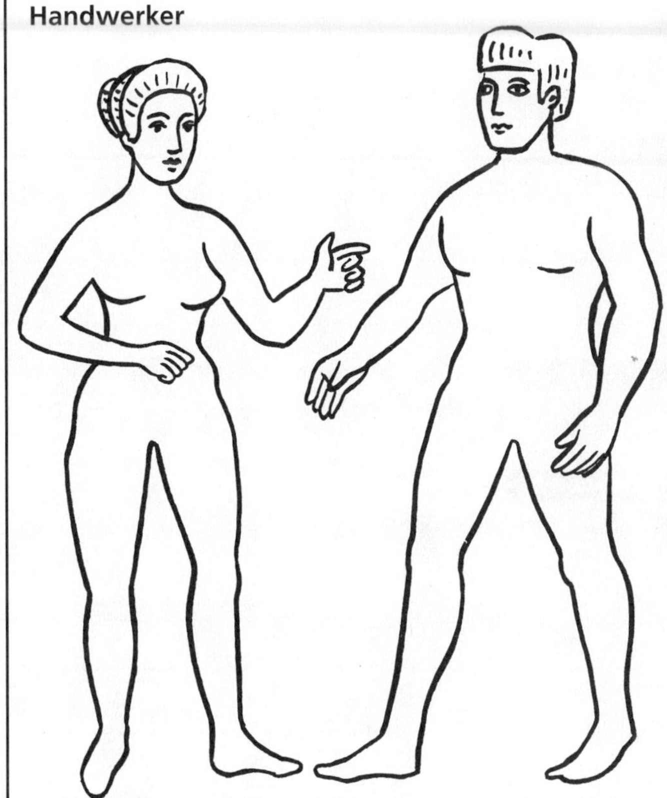

Die Pest – Der schwarze Tod

In den Jahren 1347-52 zog die Pest erstmals durch Europa. Sie kostete 25 Millionen Menschen, einem Drittel der gesamten Bevölkerung, das Leben. Die Pest, übertragen auf den Menschen durch Rattenflöhe, wurde zwischen den Menschen durch Tröpfcheninfektion schnell verbreitet. Eine wissenschaftlich orientierte Medizin gab es im mittelalterlichen Europa noch nicht. Die Bakterien, die die Pest verursachten, wurden erst im Jahre 1894 entdeckt. Seuchen wie der Pest waren die Menschen nahezu hilflos ausgeliefert. Es gibt Bilder, die zeigen, wie die Menschen mit der Krankheit umgingen.

Aufgabe 1: *Woran ist die Krankheit auf dem Bild zu erkennen?*

____

____

Aufgabe 2: *Wie reagieren die Personen am Bett des Kranken?*

(1) ______________________________

(2) ______________________________

(3) ______________________________

An der Universität Paris wurde 1348 versucht den Ausbruch der Seuche zu erklären. Zu diesen Erklärungen gehörten z. B.: eine unheilvolle Konstellation der Sterne, ein Strafgericht Gottes, verdorbenes Wasser, schädliche Nahrung, schlechte Luft, Ansteckung, aber auch ein Werk des Teufels.
Zur Vorsorge und Heilung wurde empfohlen:

- Verbrennen von Weihrauch und Kamille
- Schlaf nur bis Sonnenaufgang
- Anrufen der Schutzheiligen gegen die Pest
- Öffnen der Eiterbeulen
- Vermeiden von Bädern
- Einreiben der Haut mit Rosenöl und Weinessig
- Geflügel und fettes Fleisch meiden
- Verwenden von Pestblättern mit Gebeten
- Frieden mit Gott machen

Aufgabe 3: *Welche Erklärung findest du für die Vielfalt der Empfehlungen?*

____

____

Aufgabe 4: *Welche der vorstehenden Empfehlungen hältst du für sinnvoll? Kennzeichne sie rot.*

Aufgabe 5: *Welche Ursachen zum Ausbruch der Pest im 14. Jahrhundert sind dir bekannt?*

____

____

____

____

Aufgabe 6: *Das Bild zeigt, dass nicht nur die von der Seuche Betroffenen zu leiden hatten. Schreibe zu diesem Bild eine Erklärung, aus der hervorgeht, was hier passiert und wie dieses Geschehen begründet wurde.*

Könige und Bischöfe – Wer ist groß, wer ist klein?

Bei Künstlern des Mittelalters spielt die Größe der von ihnen dargestellten Personen eine besondere Rolle. Stehen in ihren Werken Personen nebeneinander, sind wichtige größer.

König Heinrich II. (Regierungszeit: 1002 - 1024) in der Mitte, zwei Bischöfe

In der Mitte der Erzbischof von Mainz, Peter von Aspelt, um 1320 mit drei Königen seiner Zeit (Heinrich VII., Johann von Böhmen, Ludwig von Bayern)

Aufgabe 1: *Schau dir die Bilder genau an. Wie wird jeweils das Verhältnis von König und Bischof dargestellt?*

Bild 1: ______________________ *Bild:2* ______________________

______________________ ______________________

______________________ ______________________

Aufgabe 2: *Das Verhältnis von König und Bischöfen veränderte sich im Deutschen Reich in mehreren Schritten. Zwei Schritte, zwischen denen etwa 400 Jahre liegen, sind vorgegeben. Ergänze die Eintragungen zu zwei Zwischenschritten.*

10. Jh.	*1077*	*1122*	*1356*
Otto I. setzt Bischöfe als Reichsfürsten ein.			*„Goldene Bulle" Sieben Kurfürsten, darunter drei Erzbischöfe, wählen den König.*

Aufgabe 3: *Kennzeichne auf dem Schema mit einer aufsteigenden oder einer abfallenden Linie, wie sich die Macht der Könige (♔, blau) und der Bischöfe (, rot) vom 10. Jahrhundert bis 1356 entwickelte.*

Die Ständegesellschaft

Die Äbtissin Hildegard von Bingen schrieb um 1150: „Gott teilt sein Volk auf Erden in verschiedene Stände." Der Bischof Adalbero von Laon sagte es im Jahre 1016 noch genauer: „Das Haus Gottes ist dreigeteilt: Die einen beten, die anderen kämpfen, die Dritten endlich arbeiten ..."

Aufgabe 1: *Kennzeichne die Personengruppen auf der Abbildung nach dieser Beschreibung.*
Gebet = 1, Kampf = 2, Arbeit = 3

Aufgabe 2: *Benenne die drei Stände! Kennzeichne das Merkmal, das dir besonders wichtig ist in der Abbildung, farbig.*

(1) ____________________

(2) ____________________

(3) ____________________

Aufgabe 3: *Nenne für jeden der Stände mehrere Vertreter. Sofern möglich, arbeite mit Namen und Lebensdaten.*

... die einen beten	*die anderen kämpfen*	*die Dritten arbeiten*
____________________	____________________	____________________
____________________	____________________	____________________
____________________	____________________	____________________
____________________	____________________	____________________

Aufgabe 4: *Bei welchem Stand ist es für dich besonders schwer geworden, Menschen mit Namen und Lebensdaten einzutragen?*

____

Warum ist das so? Begründe.

____

____

____

____

Das Weltbild des Mittelalters – die Weltkarte von Ebstorf

Dass die Menschen im Mittelalter ein anderes Bild von der Welt hatten als wir, zeigt eindrucksvoll eine Weltkarte, die im 13. Jahrhundert im Benediktinerkloster Ebstorf bei Lüneburg entstanden ist. Bei einer Höhe von über 3,50 Meter zeigt sie eine für uns ungewohnte Weltenordnung. Was ist da anders?

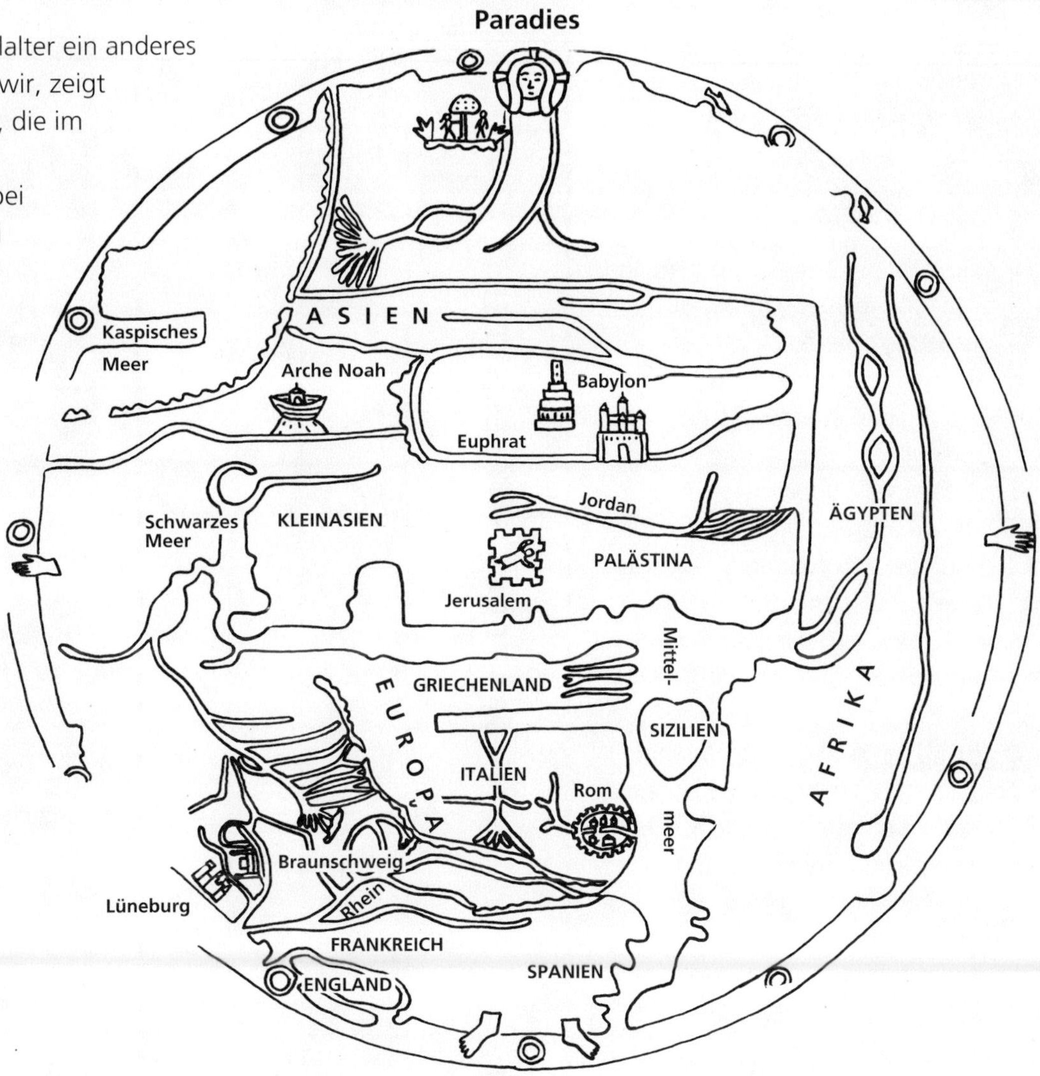

Aufgabe 1:

Versuche die Anordnung der Kontinente, Flüsse und Länder auf der Karte zu erfassen. Der folgende Text kann dir dabei helfen. Er muss allerdings von dir ergänzt werden.

Das Bild stellt die Erdscheibe dar. Das Weltenrund wird von dem gekreuzigten J _____ C __________ gehalten. Am oberen Rand sehen wir seinen Kopf. Links und rechts vom Weltenrund sind die H _____ und am unteren Rand die F ____ zu sehen. Die Welt in der Mitte erscheint somit als sein K _______ . Außerhalb des Weltenrunds befindet sich das P _________ .

Oberhalb von Jerusalem befindet sich A _____ . Eingezeichnet sind hier die Flüsse J ______ und E________ . Auf die biblische Geschichte verweist die Kennzeichnung der A _____ N ____ .

Rechts ist A ______ eingezeichnet. Als damals schon gut bekannte Landschaft ist Ä ________ und als wichtiger Fluss der N ___ vermerkt.

Im unteren linken Teil findet man die Darstellung von E ______ . Als Länder sind eingezeichnet G ______________, F ____________, S _________, E _________ und I ________ mit der Stadt R ___ . Als bedeutender Fluss wurde die D _____ eingezeichnet. Umflossen wird die scheibenförmig runde Welt von den Ozeanen.

1000 Jahre Mittelalter – Suche einen Durchblick

Dieses Durcheinander soll das Mittelalter sein? Eigentlich ja, natürlich lässt es sich besser „in Ordnung" bringen.

Bevor du damit beginnst:

- Wenn du auf der Rückseite noch arbeiten möchtest, müsstest du die Seite kopieren.
- Wenn du die Säule mit den Zeitangaben an den gestrichelten Linien ausschneidest und in die Mitte eines Doppelblattes klebst, hast du ausreichend Platz für die Lösung der Aufgaben. Die rechte Seite des Blattes nutzt du für die Aufgabe 1 und die linke für Aufgabe 2.

Aufgabe 1: *Bei Ereignissen, die sich mit einer Jahreszahl verbinden, ist es am wenigsten schwierig die zeitliche Ordnung herzustellen. Ordne die Zahlen- und Ereigniskärtchen am Zeitgerüst zu. Vielleicht findest du unter den Bildkärtchen etwas, das diese Ordnung ergänzt.*

Aufgabe 2: *Bleiben Bilder übrig? Nicht alles, was im Mittelalter wichtig war, lässt sich an ein bestimmtes Ereignis oder eine Jahreszahl binden. Gib den übrig gebliebenen Bildkarten Unterschriften und ordne sie grob Jahrhunderten bzw. dem früheren oder dem späteren Mittelalter zu.*

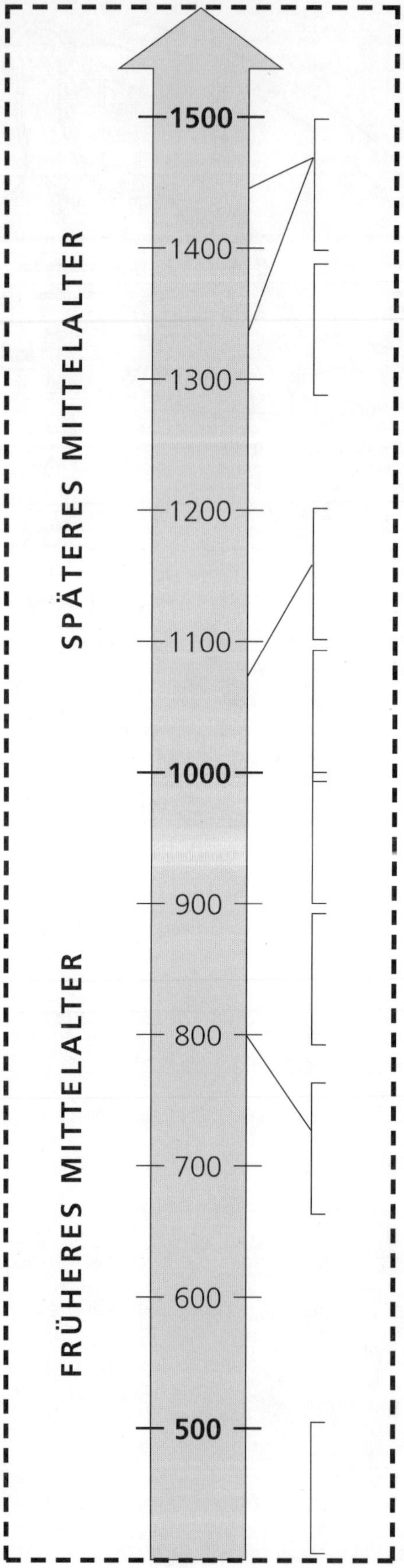

486

Otto I. wird deutscher Kaiser

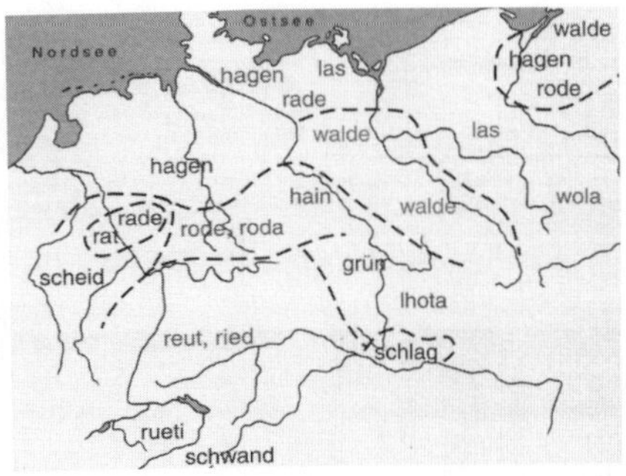

Aufruf des Papstes: Kreuzzüge beginnen.

Krieg zwischen Frankreich und England

936

1077

1356

Investiturstreit zwischen Papst und König

1096

Zerfall des Frankenreichs

843

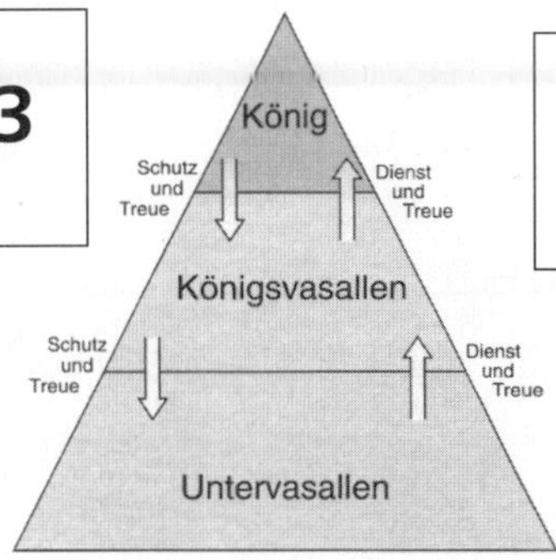

Frankenreich unter Chlodwig

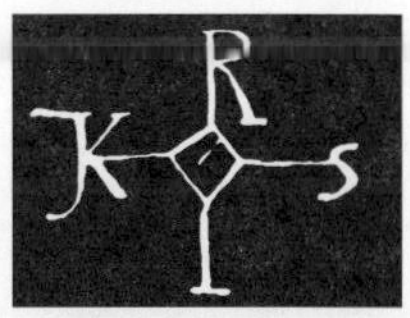

1339-1453

Goldene Bulle

800

Karl der Große wird Kaiser

Weißt du noch – Mittelalter rätselhaft

Aufgabe 1: *Gesucht wird der Name eines Mönchsordens, der nach Regeln lebte, die ihr Namensgeber um 500 aufgeschrieben hatte.*

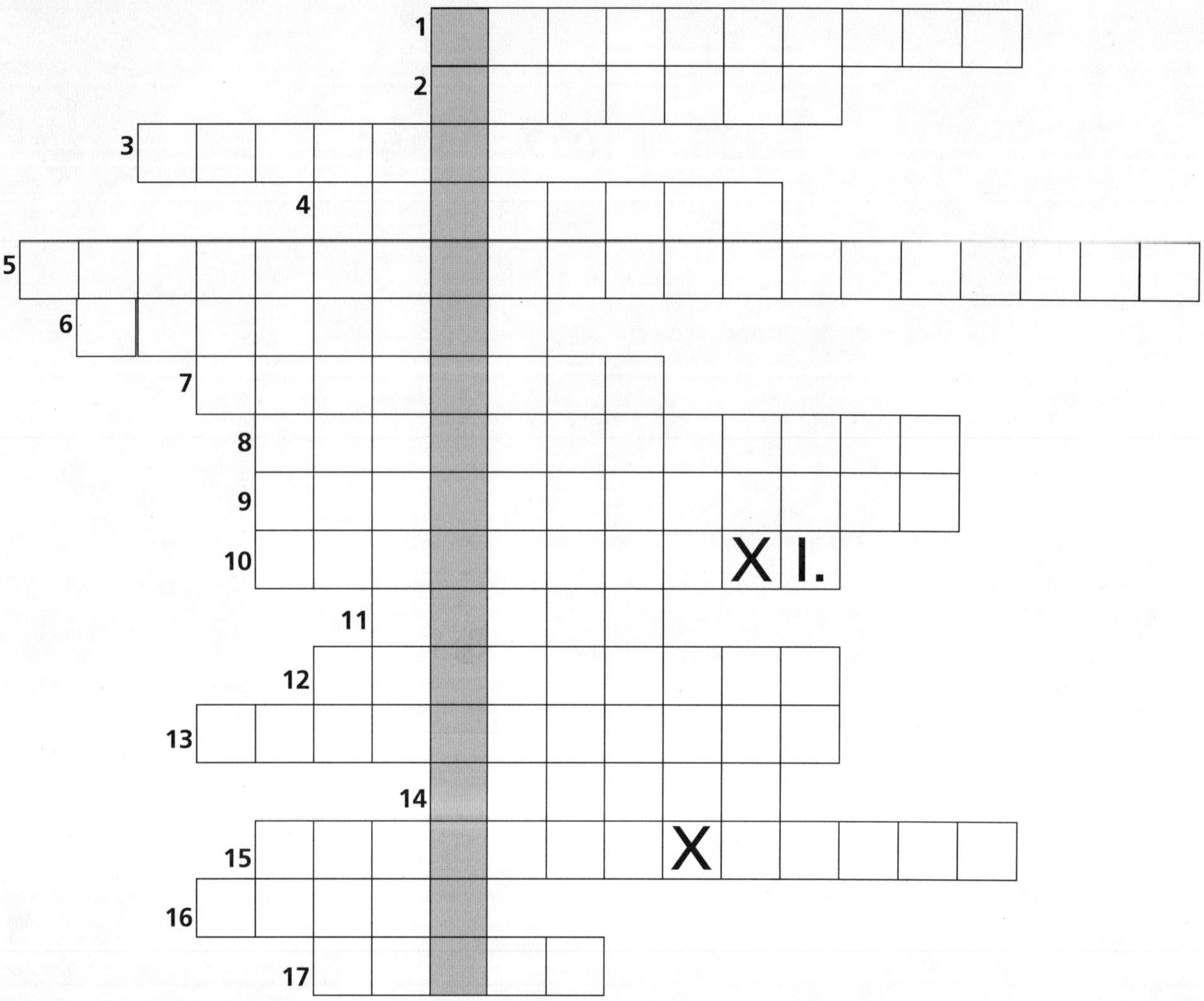

1. *Berühmter Missionar aus dem 8. Jahrhundert*
2. *Biograf Karls des Großen*
3. *Lieblingspfalz Karls des Großen*
4. *Wozu Papst Urban 1095 aufrief*
5. *Anbaumethode in der bäuerlichen Wirtschaft, die seit Mitte des 11. Jahrhunderts höhere Erträge brachte*
6. *Frankenkönig im 5. Jahrhundert*
7. *Führer des sächsischen Widerstand gegen die Franken*
8. *Aufnahme eines Knappen in den Stand der Ritter*
9. *Unfreie Dienstleute, die unter den Stauferkaisern zum niederen Adel aufstiegen*
10. *Erster deutscher König*
11. *Land, das der König seinen Vasallen übertrug*
12. *Ziel der Kreuzzüge*
13. *Volk, dessen Gebiet die Franken unter Karl den Großen 774 eroberten*
14. *Neugewinnung von Ackerland*
15. *Festlegung über die Wahl der Könige von 1356*
16. *Städtebund, den norddeutsche Kaufleute gründeten*
17. *Ritterliche Dichtkunst*

zu S.16

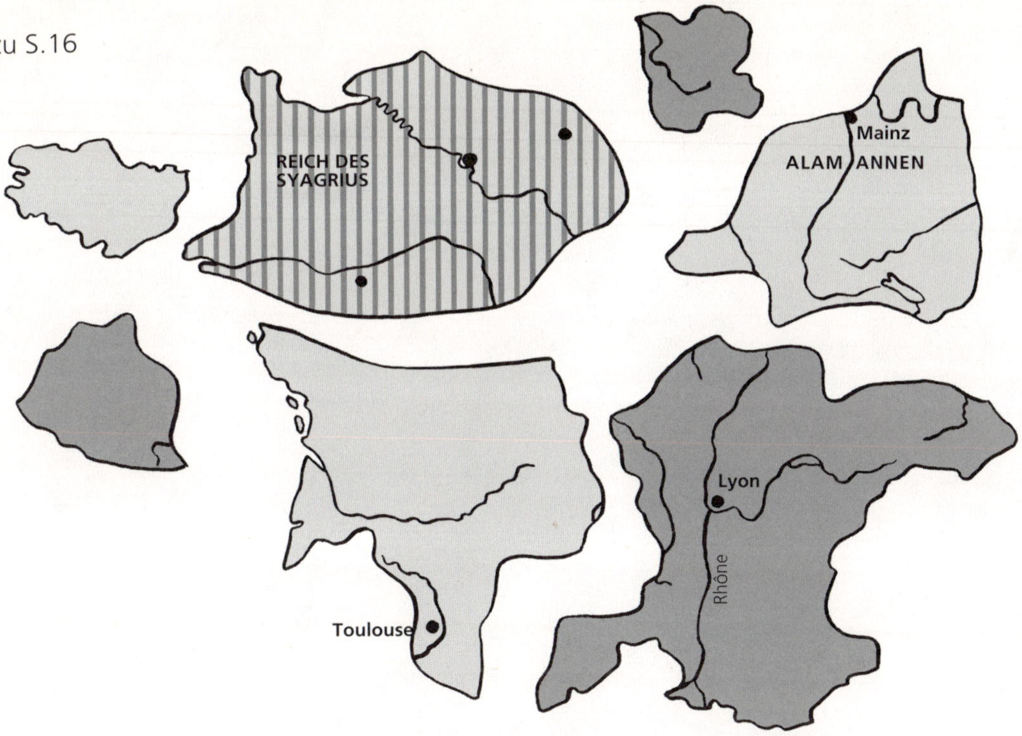

zu S.38

zu S.24

zu S. 52/53